ENDO ANACONDA
Walterfahren
Kolumnen 2007–2010

secession VERLAG FÜR LITERATUR

ENDO ANACONDA
Walterfahren
Kolumnen 2007–2010

secession VERLAG FÜR LITERATUR

2007	11
Umgebauter Aargauer	13
Ich bin ein Köbi-Cowboy	15
Blechspielzeug	17
Was sich liebt, das neckt sich	19
Gezielt auf die Backe	21
Der innere Sauhund	24
Sturmspitze in Fort Lauderdale	26
Besser Oban statt unten	28
Kopfbälle	30
Ring of Fire	32
Ein zurückgebautes Stade de Suisse sähe besser aus	34
Hat man wegen der EM aus den Kois Sushi gemacht?	36
Wir beschlossen, einen Tanzkurs zu belegen	38
Schießt man mit Gottes Beistand mehr Tore?	40
Ich bin sicher, John Wayne hasste Bohneneintopf	42
Kleinstadtschamanen	45
Navigationsschwierigkeiten	47
Dann doch lieber Oscar Wilde und der Abspann von *Dead Man*	50
Nicht geschickt!	53
2008	55
Neujahrsspaziergang	57
Raue Nächte	60

Im Falle eines Falles lieber nach Rom	63
Auch sonst werde ich mich bessern	65
Alles verjährt …	67
Ich überlegte, nach Thule auszuwandern	69
Osterschneesturm	71
Es kann nicht nur ein Traum gewesen sein	73
Sonst muss man halt nach Liechtenstein auswandern	75
Es gibt Reis	79
Chop Suey und der Hund von Iris Berben	81
Sie schien mich wiederzuerkennen	84
Supergirl	86
Der falsche Schnauz	88
50+	90
Wahrscheinlich ist sogar die Regierung leicht emo	92
Nichtraucher schauen	94
Schon eine Kopfnuss täte gut	96
Jedes Mal wird die Kleine wach	98
You are not alone	100
Zieh dich warm an, Baby, es wird kalt	102
Auf den Hund gekommen	104
Der kühle Hauch der Globalisierung	106
Ich war auf alles gefasst	108
Nie bekommt man zu Weihnachten, was man sich wünscht	111

2009	113
Per »Quick Step« nach Venedig	115
Ich glaube nicht, dass irgendjemand nach mir sucht	118
Das Loch	120
Ich werde Bruce Springsteen eine Einladung schicken	124
Der Boss kommt selber vorbei	126
Auf dem Kriegspfad	128
Ich war immer schon auffällig	130
Shatterhand war Deutscher	132
Vielleicht hätte der G8-Gipfel anders geendet	134
Bingo Bongo mit King Kong	136
Solange er Rom nicht abfackelt, finden ihn alle lustig	139
Vielleicht versuche ich es mit einer 1.-August-Rede	141
Vom Everest auf den Napf	143
Hätte ich ein Nacktwanderseminar buchen sollen?	145
Sonnentanz	147
Bin ich am Ende auch nur Biomasse?	149
Vom Scapa gezeichnet	151
Ursula Andress war leider unpässlich	153
Minarette ließen sich wie Teleskopantennen konstruieren	155
Nur halb so berühmt	157

2010 159

Wäre der Hinduismus eine Alternative? 161

Für den Rest der Reise starrte Jürg Halter
  nur noch zum Fenster hinaus 163

Mundart 165

Schön langsam wünsche ich mir den Winter zurück 167

Mein erstes Wort war »Auto« 169

Viele Kühe machen Mühe 171

Mit zähen Waden ins Holozän 173

Die Erde kennt kein Rauchverbot 175

Jetzt bloß keine Diskussionen über den Klimarappen 177

Auf der Suche nach der Biene Maja 179

»Hells Bells« 181

Österreich wäre mit von der Partie 183

Plötzlich dachte ich an Gwendolyn Rich 185

2007

Die Schweiz bereitet sich auf die Fußball-EM 2008 vor.

Wir hatten doch tatsächlich das Gefühl, dass wir Europameister werden könnten.

Ich selbst wähnte mich von der Vorfreude geschüttelt und versuchte mich als Sportkolumnist für ein Schweizer Boulevardblatt, bis ich feststellen musste, dass meine Wallungen nicht vom Fußballfieber, sondern von meiner sich langsam ankündigenden andropausalen Krise herrührten.

Ein letztes, übertrieben romantisches, spätpubertäres Aufbäumen. Halbstark hatte ich das Gefühl, dem heraufdämmernden Lebensabend mit meinem roten Sportwägelchen namens Walter entkommen zu können.

Das ganze Jahr war von einer verstärkten Reisetätigkeit geprägt. Diese führte mich unter anderem in die rumänischen Waldkarpaten oder ließ mich an Bord der MSC Melody in sinnlosem Zickzack durch das Mittelmeer kreuzen. Auch Christoph Blocher hatte ein schwieriges Jahr, er wurde aus dem Bundesrat abgewählt. Seitdem scheint seine persönliche Kränkung der Treibstoff seiner politischen Aktivitäten zu sein. Meinte er doch, von Gott in dieses Amt berufen worden zu sein und nicht vom Parlament. Auch für unseren Superstar DJ Bobo war 2007 ein Jahr der Ernüchterung. Beim Eurovision Song Contest kam er mit seinem Beitrag »Vampires are alive« nicht einmal ins Finale.

UMGEBAUTER AARGAUER

Jetzt hat es endlich Schnee. Dafür fehlt einem die Zeit zum Schlitteln. Das innere Januarloch droht sich bis zum Sommerschlussverkauf hinzuziehen. Warum legen wir unsere Hänge nicht mit Kunststoffmatten aus, anstatt sie mit Dünger zuzuspachteln? Im Stade de Suisse wird ja schließlich auch auf Plastik gedribbelt. Dies dachte ich mir, als ich mich jüngst nackt und kritisch im Spiegel betrachtete und zu dem Befund kam, dass ich tolle, muskulöse Beine habe. Der Rest ist zwar nicht so toll, aber im Vergleich zu dem mir unlängst diagnostizierten inneren Szenario noch immer passabel. – Außen hui, innen pfui.
Die Freude über mein noch immer relativ elastisches Bindegewebe schlug plötzlich in helle Besorgnis um. Schon sah ich, wie sich Missbrauch und ungesunder Lebensstil im Inneren meiner Adern zu rosarot schimmernden Kristallen verklumpten, welche sich eines Tages, ohne Vorwarnung, losreißen könnten, um mir den finalen Elfer in die Herzkranzgefäße zu bomben. »Goal« und tschüss!

Dass ich noch da bin, verdanke ich wahrscheinlich meinen Ahnen. Die sportliche Grundkonstitution habe ich vom Papa aus dem Emmental geerbt. Der war ein begnadeter Leichtathlet und sogar Olympia-Anwärter, bevor er 1959 tragisch verunfallte.

Die dem Österreicher typische bajuwarisch-slawische Schnaps- und Speckresistenz kommt von der mütterlichen Seite. Die Österreicher erreichen, trotz oft übertriebenen Genusses, fast alle ein respektables Rentenalter. Obwohl sie Beerdigungen lieben und gern ihr ganzes Leben lang für einen barocken Abgang sparen. So vereinigt sich in mir die Robustheit der Österreicher mit der Schnelligkeit der Berner. Als austro-helvetischer Secondo habe ich vielleicht eine bessere Überlebenschance als der reinrassige Schweizer Altersdiabetes-Anwärter. Dies überlegte ich mir, als ich mich vom Anblick meiner nicht hoffnungslosen, jedoch ungestählten Erscheinung verabschiedete und mich wieder in meine viel zu großen Bundfaltenhosen hüllte. Das hatte etwas Clowneskes. Fehlte bloß noch die rote Pappnase.

Da fiel mein Blick auf das Fähnlein zum 1. August, das ich, um es sicher zu versorgen, hinter den Spiegel geklemmt hatte. Wir haben mit den Österreichern sogar die gleichen Farben im Banner. Ein weißer, vertikaler Balken würde genügen, um aus Rotweißrot ein weißes Kreuz auf rotem Grund zu zaubern. Als halber Österreicher bin ich ja irgendwie auch nur ein umgebauter Aargauer. Stammen doch die Habsburger ursprünglich aus ebendiesem Kanton.

ICH BIN EIN KÖBI-COWBOY

Während der Fanbus über den verschneiten Hunsrück in Richtung Düsseldorf ratterte, plagten mich meine Bandscheiben sowie gewisse Zweifel an unserem so vorschnell verkündeten »historischen Sieg«. Da war ich wohl nicht der Einzige.

Ich war vor diesem Länderspiel in der Düsseldorfer Arena überhaupt erst zwei Mal in einem Stadion. Das letzte Mal 2003 im Letzigrund, als ich die Rolling Stones im Playmobil-Format sah. Das erste Mal vor über drei Jahrzehnten. Damals schleppte mich mein Cousin anlässlich eines Berlinbesuchs ins dortige Olympiastadion (wo der Irre aus Braunau 1936 die Olympischen Sommerspiele eröffnet hatte). Hertha BSC traf auf Schalke 04. Das Resultat ist mir entfallen. Die Keilerei nach dem Match hingegen nicht. Gottlob kam ich mit einem Tritt in den Hintern relativ glimpflich davon. Wahrscheinlich, weil ich »Hilfe, ich bin Österreicher!« geschrien hatte.

In Düsseldorf fühlte ich mich bloß gefrotzelt. Das fing schon in der Lobby des Hotel Tulip an, die ich mit entrolltem Schweizer-Wimpel durchquerte, um mir an der Bar Hochprozentiges von innen über die verkeilten Knorpel rieseln zu lassen. Scharf beobachtet von einer Gruppe witzelnder deutscher VIP-Fans. »Jööh ... ein Schweizer, ist der aber süß!« Siegessicher grinsend wachtelte ich mit meinem 1.-August-Fähnlein zurück. So richtig ernst nahm das aber niemand. Nicht einmal die Barfrau. »Sie sind wohl so eine Art Köbi-Cowboy?«, witzelte sie ob meines breitkrempigen Hutes.
»Wir Schweizer sind alle Cowboys, einem Schweizer geht schon einer ab, wenn er bloß eine Kuh sieht«, gab ich patzig zurück, »außerdem sind wir gekommen, um euch fertigzumachen!«
»Wieso? Spielt man in der Arena neuerdings Tennis?«, antwortete sie schnippisch, aber mit einem zauberhaften Lächeln.

Die Stimmung unter uns Schweizern auf der Südtribüne, Block 147, war auf alle Fälle fantastisch. Jedenfalls sieben Minuten lang. Bis zum ersten Tor für Deutschland. Schwuppdiwupp, dann Nummer zwei und dann kam die Nummer drei. Danach wurden unsere Schlachtengesänge bang und bänger.

Erst nach unserem Ehrentreffer kam das unvermeidliche »Steht auf, wenn ihr Schweizer seid!« Das erinnerte mich irgendwie an die katholische Liturgie. An meine Zeit als Ministrant in Klagenfurt. Knien, aufstehen, hinsetzen. Während der letzten Ölung vor der Heimreise kam mir dann der Text eines alten Schlagers in den Sinn: »Wärst du doch in Düsseldorf geblieben, schöner Playboy, du wirst nie ein Cowboy sein!«

BLECHSPIELZEUG

Was, wenn man sich vor dem Spiegel beim Rasieren den obligaten Schmiss verpasst und im Radio gleichzeitig ein Orgelkonzert von Anton Bruckner läuft? Man fühlt sich wie Dorian Gray.
Schon bahnt sich eine Träne wie ein kleiner Mississippi ihren Weg durch die Canyons meines Gesichts. Tränen und Blut mischen sich zu dicken Tropfen und versauen das letzte Hemd. O Haupt voll Blut und Wunden! Andropausale Krise. Das wäre dann die Stelle im Film, wo mich die Prinzessin in den Arm nehmen sollte, um wenigstens den einen Wunsch zu erfüllen. Diese Stimmungslage kann sich wochenlang hinziehen.

Zuerst nehme ich Blutstiller, dann klatsche ich mir einige Tropfen Baldessarini hinter die Ohren, weil das die »Männer von den Jungs unterscheidet«. Dann klemme ich mich hinter das Steuer meines roten 92er MX-5, um mir die Landschaft um die Ohren zu werfen. Wenn's sein muss auch im Februar. Das kühlt das Herz, welches noch immer halbstark in der Brust dahinstottert wie der kalte Motor meines Blechspielzeugs. Erst wenn dieser auf Touren kommt, offenbart der Roadster seinen Charme. Wie Roger Daltrey, wenn er »My Generation« stammelt. Das hat Poesie. Der MX-5 ist zwar kein Aston Martin, trotzdem würde ich ihn nicht einmal gegen den 911er tauschen, welcher rechts auf dem Pannenstreifen an mir vorbeiröhrt. Mit einem alten Knacker am Steuer, der es eilig hat. Will sich wohl die Tränensäcke wegkorrigieren lassen. Zu alt, um jung zu sterben. Der wird es auch noch merken, denke ich mir, während ich selber brav im Stau dahinkrieche und gegen den Kassettenrecorder ankämpfe. Weil dieser schon wieder die Who-Kassette gefressen hat. Da fängt es an zu schneien und ich kugle mir fast die Schulter aus beim Versuch, das Verdeck während der Fahrt zuzuklappen.

So steh' ich dann da, mit den Sommerreifen. Es wird still und plötzlich weihnachtet es. Im Geiste liege ich unterm Christbaum und fahre mit meiner ersten Tschutschubahn pfeifend, stampfend und rumpelnd, die Lok imitierend, wieder durch die alten Modelleisenbahnwälder meiner kindlichen Fantasie. Dorthin, wo sich Bären und Wölfe tummeln. Im Spiel wurde ich selber zur Dampflokomotive. Bis der Onkel drohte, er würde mir das Spielzeug wieder wegnehmen, wenn ich nicht sofort die Klappe hielte. Daher mein heutiger Blues und meine ferrosexuelle Neigung. Daher ließ ich mich auch vor einigen Wochen im rumänischen Maramures auf einer Resita-Dampflokomotive Baujahr 1954 zum Lokführer ausbilden. Rußverschmiert stampfte ich durch das wilde Wassertal fast bis an die ukrainische Grenze, schichtete schwere Buchenscheite in die heiße Feuerbüchse, lernte, wie hoch der ideale Dampfdruck sein muss, und konnte am Abend die Arme nicht mehr heben. Kein Job für moderne Eisenbahner. Das ging nur mit Feuerwasser. Spötter behaupten, im Wassertal gäbe es nur zwei Arten Leute: diejenigen, die besoffen von der Zwicka, dem lokalen Zwetschgenschnaps, oder solche, die blau von der Mona sind. Letzteres ist ein gefärbtes Desinfektionsäthyl mit einer halbnackten Krankenschwester in Strapsen auf dem Etikett. Diesen herben Drink, vermischt mit Flusswasser, kippen sich in den Karpaten die echten Blueser hinter die Binde. Und sie pissen sogar blau.

Was sich liebt, das neckt sich

Die Deutschen lieben die Schweiz mehr, als es uns lieb ist. Und das verunsichert. Vor allem, wenn sie uns in unseren eigenen Disziplinen übertreffen. Nämlich Fleiß, Pünktlichkeit, Zuverlässigkeit und Sturheit. Blocher hat ja auch deutsche Vorfahren. Dabei sind wir von der deutschschweizerischen Chuchichäschtli-Fraktion und die Deutschen, Karl-May-artig betrachtet, verwandte Stämme, wenn Europa der Wilde Westen wäre. Die Deutschen verstehen unser Dialektgelalle nicht, aber wir verstehen Deutsch. Das verschafft uns beim Mobbing einen strategischen Vorteil.

»Dini Schnure isch vielech glich echli gross für sone chliine Gring – oh yeah!« Diese Liedzeile von Kuno Lauener ging mir nach der Fußballsatire in Düsseldorf durch den Kopf. Als ich mich nach dem Verlassen des Stadions mit meinem stolz flatternden Schweizerkreuz plötzlich in einem weiblich dominierten, fröhlich kichernden deutschen Fanblock wiederfand. Weil ich, leicht angeheitert, in die falsche Richtung gelaufen war.

»Wir lassen halt die Hübscheren gewinnen!«, warf ich, um die Situation zu entschärfen, in die gut gelaunte Runde.
»Keine Ursache, wir haben nur trainiert!«, entgegnete eines der deutschen Fräuleinwunder.
»Wir haben noch gar nicht angefangen zu trainieren!«, entgegnete ich aufgeräumt. »Für uns war das bloß ein trainingvorbereitendes Gruppendynamikseminar!«
»Dafür spuckt ihr aber große Töne!«, kam es höhnisch zurück. Darauf ich patzig: »Alles nur inszeniert, um die Motivation für den Trainingsmatch gegen Jamaika zu heben!«
»Passt bloß auf, dass euch die Rastas nicht das Gras vom Platz wegrauchen!«, feixte die Blondine weiter.

»Blödsinn, heutzutage spielt man auf Kunstrasen, außerdem bringen wir unsere eigenen Duftchüssi mit.«
So ähnlich ging der Dialog weiter, bis ich endlich dank der Hilfe einer berittenen Polizistin den Fanbus wiederfand. Was sich liebt, das neckt sich.

Trotzdem ließen es sich einige Schweizer-Nati-Fans nicht nehmen, ihre Plastikbecher ins deutsche Fahnenmeer zu pfeffern. Warum, kann ich mir nicht erklären. Da war doch noch Pfand drauf. Man schmeißt doch den Deutschen nicht einfach Wirtschaftshilfe hinterher. Die haben ja selber so viel Kohle, dass sie diese bei uns in der Schweiz zwischenlagern müssen. Auf der Flucht vor dem Fiskus.

Ich mag die Deutschen, außer sie reden Schweizerdeutsch. Das kriegen die nämlich nie hin. Ansonsten sind sie aber meine Lieblingsschweizer. Vor allem in der Gastronomie. Bei ihnen läuft man nicht Gefahr, in eine Schlägerei verwickelt zu werden, nur weil man bestellen will.

GEZIELT AUF DIE BACKE

»Ayurveda Alligator!«, knurrte ich mich selber an. Nachdem eine Handvoll Pitralon meine Backen rot wie einen Pavianarsch anschwellen ließ. Doch selbst dieses brachiale Aftershave vermochte die Faltenwürfe nicht zu glätten. Die Müdigkeit hatte sich wie zwei graublaue Miniaturleberwürste unter meine Augen gehängt. Blass wie ein RAF-Fahndungsfoto. Wo doch sonst Papis liebstes Duftwasser aus der Zeit der ersten Mondlandung alles weghobelte, was auch nur den leisesten Verdacht von Mattigkeit erweckte.
»Wer sich so was anklatscht, frisst auch kleine Kinder!«, rumpelte es aus mir heraus. Dann wieder dieses schiefe, zahnlückige Kaimangrinsen.
Schwaden von Pitralon und Old Spice hinter sich herziehend, haben unsere Väter dieses Land zu dem gemacht, was es heute ist. Ein flächendeckender Gartensitzplatz, unterkellert mit atombombensicheren Tiefgaragen und Waschküchen, in denen man sich um den Waschmaschinenschlüssel prügelt. Ich spürte diese leise Traurigkeit, als ich mit noch immer brennenden Wangen meinen klapprigen Walter zu seinem Stellplatz im zweiten Untergeschoss röchlen ließ. Danach schraubte ich ihm die Nummernschilder ab und dem Kombi an. Der Kleine trägt keine Winterfinken, ich jedoch wollte hoch hinaus und um nichts in der Welt im Schnee stecken bleiben. Die Alpentherme sieht zwar aus wie eine Kreuzung zwischen Liechtenstein und Mailänder Hauptbahnhof, aber dafür liegt Leukerbad nah bei Bern. Jedenfalls näher als die Botta-Badelandschaft im Grand Hotel Tschuggen in Arosa. Vals, dieses Mekka der Gothic-Architecture-Wellnessfreaks, ist mir ohnehin zu schwarz. Außerdem suchte ich einen therapeutischen Ansatz. Allein brächten mich keine zehn Pferde in einen Spa. Wellness heißt für mich kalt duschen, doppelter Espresso, Zigaretten und dann Bloody Mary mit viel Tabasco. So kommt die Welt allein

ins Lot. Aber wegen der Romantik wäre ich sogar zum GTI-Treffen nach Kärnten gefahren, an eine Waffenbörse oder von mir aus an ein Bure-Zmorge mit Mörgeli. Ich wollte doch bloß reden. Deswegen buchten wir auch das Wochenende im Hotel Lindner. Inklusive Eintritt in die Alpentherme und eines römisch-irischen Nacktbaderituals mit ausgeklügelter Abfolge: 5 Min. duschen, 15 Min. Warmluftbad, 5 Min. Heißluftbad, 10 Min. Bürstenmassage, 10 Min. römisches Dampfbad, 1,5 Min. irisches Dampfbad, 2,5 Min. Thermalbad Yin, 15 Min. Thermalsprudelbad, 5 Min. Thermalbad Yang, 1 Min. Kaltwasserbad und dann 30 Min. in den Ruheraum.

»Das Nacktbürsten macht mich skeptisch«, markierte ich meine Schamgrenze. Während das Frutigtal an uns vorbeizog, schob sich Bob Dylan mit einer näselnden Version von »Forever Young« als akustische Kulisse ins Geschehen.

»Für Fälle wie dich gibt's Spezialangebote ...«, säuselte sie mit leicht boshaftem Anflug. »Zum Beispiel ›Nasyam Thalam‹ zur Entgiftung oder ›Sirovasthi‹ gegen ausgetrocknete Nasenschleimhäute oder das Ayurveda-Programm ›Pizhichil‹ mit dem Untertitel ›Body & Joints‹ ...« – Ich könne aber auch das Body-Light-Schlankheitsprogramm absolvieren, stichelte sie weiter. Das mit den Joints gefiel mir am besten.

Die erste Möglichkeit zur oralen Wiedergutmachung bot sich im Lötschbergtunnel, zwischen Kandersteg und Goppenstein. Sie aber entschuldigte sich nicht. Die Minuten verstrichen ungenutzt. Ich spielte schon mit dem Gedanken, einen Streit vom Zaun zu brechen und in Goppenstein sofort wieder den Weg zurück durch die Röhre zu nehmen, falls sie mich nicht endlich wenigstens küssen würde. Sie zielte bloß auf die Backe. Status quo: null zu null.

In Leukerbad wählten wir schließlich, Alternative zum Nacktbaderitual, eine Fahrt mit der Gemmi-Luftseilbahn. Oben hätte man den besten Blick auf das Wildstrubelmassiv, doch es war ein weißer Tag. Kein Horizont. Bei einem Glas Fendant starrten wir als einzige

Gäste des Selbstbedienungsrestaurants der Bergstation auf eine Nebelwand.

Eine halbe Stunde später nahmen wir fröstelnd die Kabine talwärts, nicht ohne uns jedoch in der Bergeinsamkeit nähergekommen zu sein.

Der innere Sauhund

Dass ich vor der Diät, anstatt Breitensport zu betreiben, mit den Jahren immer mehr in die Breite gegangen bin, realisierte ich erst so richtig, als ich jüngst meine Garderobe sortierte. Hosen, so monströs, dass man sie nicht einmal abändern, geschweige denn als Hilfsgut hätte spenden können, ohne zynisch zu wirken.

»Du hast halt schwere Knochen ...«, versuchte mich der innere Sauhund davon abzuhalten, die ganze XXXL-Kollektion in den Sack zu stopfen.

»Denk an den Jojo-Effekt, du isst doch so gerne fett! Hugo Boss, Signum, Zimmerli, das kostet!«, maulte er weiter und biss genüsslich in eine dicke Scheibe Salami.

»Die Wurst ist für die Znünibrote der Kinder!«, herrschte ich den Fresssack an und entriss ihm die Citterio. Danach verzog er sich auf den Balkon und rauchte mir die letzte Schachtel fast leer.

Nach einem Hustenanfall fing er an, die Wohnung nach Schokolade, Drogen, Alkohol, Schusswaffen und Autokatalogen zu durchwühlen. Ich floh unter die kalte Dusche. Mir verschaffte dieses herbe Vergnügen ein schon fast sportliches Wohlgefühl und ich erinnerte mich, warum ich als Ministrant nie bei den Junioren kicken wollte. Weil die nackt duschten und sich gegenseitig auf das Pimperl guckten. Das war mir peinlich. Sind doch alle Männer mit einem Gemächte unterschiedlicher Größe bestückt. Nennen wir die zierliche Ausgabe »David« und das wuchtige Modell »Zeppelin«. David verändert Festigkeit und Größe teleskopartig. Je nach Bedarf. Der Zeppelin hingegen bleibt äußerlich immer gleich. Nur der Härtegrad ändert sich bestenfalls. Dieses durch ein weitverzweigtes Gerüst von Blutgefäßen gestützte enorme Teil benötigt selbst im Ruhezustand sehr viel Blut, das wiederum einem Träger der Michelangelo-Variante jederzeit zur Verfügung steht, falls verstärkte Durchblutung des Gehirns vonnöten ist. Der

Sauhund lümmelte am Waschbecken und goss sich, amüsiert von meinen Betrachtungen, den dritten Gin Tonic ein.

»Das hängt ja alles ...«, wollte er noch lästern, nahm ihm aber dann den Drink aus der Hand, schluckte ihn selber und beschloss, gleich am nächsten Tag ein Fitnessstudio zu kontaktieren. Dann trug ich die fünf Kleidersäcke hinunter. Einzeln, um die Salami abzuarbeiten. Daraufhin setzte ich mit einem forschen Marsch zum Stade de Suisse noch einen drauf.

Sturmspitze in Fort Lauderdale

Die Fotos im Vorfeld des Testspiels gegen Jamaika wirkten auf mich eher beunruhigend. Unser Trainer mit windgepeitschter Palme im Hintergrund. Dann erst diese Frisur: ungewöhnlich zerzaust für einen gepflegten Mann wie Jakob Kuhn. Wie frisch aus dem Windkanal der ETH. Ich befürchtete schon den nächsten Jahrhunderthurrikan.
»Hoffentlich sind unsere Superpumas startklar, um nötigenfalls unsere Jungs da rauszuholen!«, versuchte ich nach dem Anpfiff ihr Interesse zu wecken, während sie sich mit Kaltwachs die Haare vom Seidenbein rupfte – noch immer verzaubert von Takahashi, dem japanischen Eiskunstläufer, der kurz zuvor noch auf *SF2* über den Bildschirm geschwebt war. Ein Nurejew auf Kufen.
Das »Ratsch« der Wachsstreifen passte prima zur Qualität der Fußballübertragung. Wie aus der guten alten Super-8-Zeit. Das Stadion schien aus derselben Epoche. Das Spielfeld von Fort Lauderdale erinnerte an ein Luftwaffenübungsgelände. Eher etwas für ein Freestyle-Minigolfturnier oder Motocross.
»Man hätte das Testspiel genauso gut auf der gedüngten Lauberhorn-Piste stattfinden lassen können. Gras gibt's auch in den Bergen. Von Rasen kann ja keine Rede sein. Dann würden wir bergab spielen …«, witzelte der innere Sauhund, nachdem er die Flasche Rioja schon ziemlich reduziert hatte und in Gedanken bereits den Erfolg der Enthaarung testete. Doch selbst das stoppelbärtige Charaktervieh konnte seine Freude nicht unterdrücken, als Marco Streller und Gökhan Inler bereits nach zwölf Minuten mit zwei Toren die Begegnung für uns beendeten. Für den Rest des Testspieles war »Sturmspitze« dann leider nur noch ein meteorologischer Begriff. Dafür lieferte die Halbzeitwerbung moralische Erbauung. Köbi mit Baby und Teddy. Im Dienste der Nachwuchsförderung. Dann hätte er allerdings Philippe Senderos zum Captain machen müssen.

»Die Jamaikaner sind einfach schöner«, befand sie, »die haben schönere Beine und tanzen Reggae, wenn sie nicht am Ball sind.«
Die waren selten am Ball, strahlen aber für Frauen diese gewisse Pele-Aura aus. Dieser Halbgott des runden Leders bewegte sich so elegant, dass der Gegner, von so viel Schönheit geblendet, den Ball vergaß. Leider vergaßen die Jamaikaner, dass sie sich in einem Fußballspiel befanden. So richtig mitgespielt hatte bloß ihr Goalie. Der fantastische Richard McCallum profilierte sich als Abfangjäger erster Klasse, nachdem er zunächst Streller mit dem Ball verwechselt hatte.
»Beim Rugby ist das ganz normal«, meinte sie.
Der Schiedsrichter war offensichtlich gleicher Meinung.

Besser Oban statt unten

Zugegeben, ich gehöre zur Mehrheit jener Schweizer, die keine Fußballspezialisten sind und trotzdem wie eine Wand hinter Jakob Kuhn stehen. So eine EM hat ja nicht nur mit dem Sport etwas zu tun, sondern auch mit nationaler Identität, Spaß und Emotionen. Vor allem aber mit Big Business und dem kleinen Geschäft. Das große Geschäft ist absehbar, wegen des kleinen Geschäfts jubeln die Vermieter mobiler WCs jetzt schon auf.

Ich hasse diese Folterkästen aus Plastik. Blieb ich doch einmal anlässlich eines Open Airs in so einem Kübel stecken. Unter sengender Sonne. Aufgrund meiner damaligen Leibesfülle konnte ich mich erst nach einer halben Stunde, dampfend wie ein Gnagi, wieder befreien. Doch besser mobile Latrinen, als dass die Fußballfans mit ihrer wilden Pisserei die Berner Allmend entlauben wie zur WM den Berliner Tiergarten. Diese Überlegungen machte ich mir, während der »Ziischtigsclub« in die gute Stube flimmerte.

Ich nahm mir die Flasche Oban aus dem Regal und goss mir drei Finger hoch davon ins Glas. Diese Dosis beabsichtigte ich mir als Betäubung zu verabreichen. Um mein Mitgefühl mit dem Nationaltrainer zu ertragen.

»Lass den Whisky doch stehen, du gießt sowieso nach!«, feixte der innere Sauhund, als ich im Begriffe war, die Flasche hinter den Fotobüchern kindersicher zu verstauen. Kritisch beobachtet von meiner Tochter. Diese hasst Fußball, findet Köbi Kuhn aber cool, weil er Güte, Erfahrung und natürliche Autorität ausstrahlt. Eigenschaften, nach denen wir uns sehnen. Weil sich heute schon die Primarlehrer den Peacemaker umschnallen müssen. Außerdem täte er einem leid und sei herzig, meinte das Tochterkind treffend. Tatsächlich spielt unser aller Coach emotional in der Eisbärenliga. Doch Köbi Kuhn ist als Teenie-Kultfigur für die EM viel besser geeignet als Trix und Flix ... die sehen aus wie Tokio Hotel nach dem Tränengaseinsatz. Doch wie Knut, das Bärli,

ist auch Köbi ein Opfer seiner eigenen Werbewirksamkeit. Wir kriegen nie genug von ihm – doch er und die Nati bleiben auf der Strecke. Plötzlich wollte niemand in der devoten Club-Gesprächsrunde mehr etwas von einem Trainerwechsel gesagt haben. Dafür taten alle so, als wäre ein jeder ein Betreuer unseres schweigenden Trainers. Betreuung hat dieser aber im Unterschied zu Lämmli nicht nötig. Nur unsere Unterstützung. Die Wortmeldungen des greisen SFV-Vertreters hingegen erwecken den Verdacht beginnenden Altersstarrsinns.
Deprimiert goss ich mir zwei Fingerbreit nach. – Besser Oban statt unten.

KOPFBÄLLE

Ob ich vielleicht nicht doch mein möglicherweise bisher unentdecktes fußballerisches Talent aufblitzen lassen wolle, wurde ich jüngst per E-Mail angefragt. Zum Beispiel als Gastspieler beim FC Nationalrat, im Rahmen des Young Star Cups 2007 in Zollikofen bei Bern. Leider musste ich aus terminlichen Gründen ablehnen. Außerdem habe ich zwei linke Füße, fühle mich zurzeit nicht fit genug für die Reservebank und bin eher Kopf- als Fußballer. Wie Hakan Yakin. Tatsächlich hatte ich in meinem bisherigen Leben schon drei unvergessliche Kopfballerlebnisse. Das erste Mal wurde ich während der Lektüre von Peter Handkes *Die Angst des Tormannes beim Elfmeter* von einer heimtückischen Fernbombe umgeworfen. Das zweite Mal beförderte mich ein gekurbelter Schuss aus dem Töggelikasten ins Land der Träume. Mit dem dritten Kopfball erzielte ich gar einen Ehrentreffer für meine Mannschaft. Unbeabsichtigt, während eines Sitzfußballturniers im Rahmen des Schulturnens an der Benediktinerschule zu Klagenfurt. Dabei hasste ich diese Disziplin schon immer. Der einzige Vorteil war, dass man bei der Ausübung dieser Sportart wenigstens sitzen konnte und dabei auch noch mit dem Hintern den Parkettboden der Turnhalle blitzblank polierte. Ich hatte die Turnstunde schon fast hinter mich gebracht, ohne den üblichen Rüffel unseres Sportlehrers, der mich speziell auf der Latte hatte, weil er mich für eine faule Sau hielt. Ich betrachtete gerade die Wanduhr, als ich mit voller Wucht vom Ball am Hinterkopf getroffen wurde. Ich sah bloß noch Blitze. Das Leder prallte von meiner Birne ab und flog direkt ins gegnerische Netz. Der Preis für diesen einzigen Triumph in meiner bisherigen sportlichen Laufbahn war tagelang andauernder Kopfschmerz. Danach war der Turnlehrer noch aufsässiger. Er hielt es fortan für seine Aufgabe, mein verstecktes fußballerisches Talent aus mir herauszuschinden, indem er mich noch härter in die Mangel nahm. In der irrigen Annahme, ich sei ein Kopfballgenie. Es gelte bloß, meinen inneren Sauhund zu brechen. Dem Kopfballspiel hat sich auch das Projekt *A/CH Euro 2008* verschrieben. Unter dem Titel: *überspielt und ausgedribbelt* plant eine österreichisch-schweizerische Autorengruppe, mittels einer *Anthologie EM 08* einen literarischen Beitrag zum kommenden Fußballfest zu leisten. Aus reiner Freude am Match.

Ring of Fire

Man hatte mich gewarnt, aber Liebe macht blind. Plötzlich zog es mich durch dieses schwarze Loch, durch das man muss, bevor man sich auf der anderen Seite wieder materialisieren kann. Wirklich nützen würde höchstens Onkel Burroughs Lieblingsarznei: STRENG VERBOTEN! Derselbe Stoff, den uns der gute alte Theophrastus Bombastus von Hohenheim, vulgo Paracelsus, im Schmerzensfall in den Wein träufeln würde. Altersweise entschied ich mich für King Alcohol. Ich habe den Drachen schon zu oft gejagt, um nicht zu wissen, wie gefährlich es ist, ihm zu nahe zu kommen. Auf die Kreuzung starrend, goss ich mir vier Finger hoch ins Glas. Ich würde lange betrunken sein. Unten jagten die Wochenender ihre Offroader Richtung Ausfallstraße in den Stau. Wildnis suchen. Aus den Lautsprecherboxen stampfte schwerer Delta Blues. Über mir ein dramatischer Himmel. Wolken dehnten sich, um sich daraufhin wieder konvulsivisch zusammenzuziehen. Wie ein gigantischer Rinderarsch. Schwer im Begriff, mich endgültig zuzuscheißen. Völlig unerwartet schlug die nächste SMS-Garbe ein: dong! – dong! – dong! – dong! – dong! – dong! – dong! – dong! Acht Projektile, alle trafen. Fieberhaft lud ich das Sony Ericsson nach und feuerte zurück. Mit jedem »Nachricht gesendet« wuchs diese diabolische Lust am Krieg. Gespannt wartete ich auf die Detonationen, doch da war nur noch Stille. Leichen pflastern meinen Weg. Dann muss ich eingeschlafen sein, als ich aufwachte, war ich nüchtern. Der Tag dämmerte bereits dahin und statt Elmore James sorgte Johnny Cash für die musikalische Untermalung und zündete damit nur den verdammten »Ring of Fire« wieder an. Um auch nur etwas zu unternehmen, machte ich das Handy mit dem Auto platt und steckte es ihr in den Briefkasten. Fazit: Kapitulation. Sie ist gnadenlos wie eine Mafia-Witwe. Danach schmiss ich vorsichtshalber die Beretta in die Aare, packte das Nötigste und stopfte mir den Johnny Cash in die Jacketttasche. Niemand sollte meinen Kummer hören, wenn ich gegen Motor und Fahrtwind anschreie, bis die Tränen Salzkrusten sind.

Ich warf die Reisetasche auf den Beifahrersitz, klappte das Verdeck zurück und gab meinen Pferden die Sporen. Richtung Arlbergpass. Dort mahnte mich der hinten ausbrechende, enorm drehfreudige MX-5 schockartig zur Konzentration. Ich schaltete einen Gang höher, der Zeiger verabschiedete sich vom roten Bereich.

»Gib es endlich zu, sie fehlt dir auch!«, schrie ich den bockigen Blechhaufen an, nachdem er endlich aufgehört hatte, gefährlich mit dem Hintern herumzuwedeln. Walter hat sogar in Extremsituationen etwas Berechenbares. Dafür liebe ich ihn. Ich gehöre zu den Leuten, die mit ihren Autos reden, gell, Walter?

»Blödmann«, knurrte dieser zurück. Beleidigt ließ ich ihn selber fahren und widmete mich ganz dem glitzernden Sternenhimmel. Endlich Ruhe. Walter landete sicher in Innsbruck. Johann Strauss fiedelte aus dem Autoradio. Es erinnerte mich an das Bordprogramm von Austrian Airlines, wenn man in Wien-Schwechat landet. Auf der Suche nach dem richtigen Adler rollten wir in die Innenstadt. In Innsbruck gibt es viele Hotels, die Adler heißen. Ich kenne den Goldenen, den Schwarzen und den Roten Adler. Im Schwarzen Adler ist die Küche am besten. Den Roten Adler werde ich nie wieder betreten und im Goldenen Adler schläft man fürstlich. Ich entschied mich für den sechshundertjährigen Goldadler, suchte das Stelldichein mit historischen Persönlichkeiten wie Mozart, Goethe, Paganini, Sissi, Aleister Crowley oder Ludwig von Bayern und erwischte das Zimmer von Maximilian, dem unglücklichen Kaiser von Mexiko. Der hat's wenigstens hinter sich, dachte ich mir, als ich mir die beiden Mozartkugeln, welche als Begrüßungsnaschwerk auf dem Kopfkissen drapiert waren, auf der Zunge hatte zergehen lassen. Die sollten ihrer mittelfristig tödlichen Wirkung wegen besser Andreas-Hofer-Kugeln heißen.

Ein zurückgebautes Stade de Suisse sähe besser aus

Der Abschied von meinen breiten österreichischen Sportsfreunden fiel wie immer schwer. Ich benötigte über eine halbe Stunde, um meinen beinahe bewusstlosen inneren Sauhund unter die kalte Dusche zu schleppen und hernach im Fahrersitz meines bretterharten japanischen Roadsters zu verstauen. Zum Abschied versprach ich, zur EM wiederzukommen. Als Sonderberichterstatter aus der österreichischen Provinz. Dort spürte ich brennende Vorfreude. Zumal in Ried im Innkreis die gebrannten Wässerchen zu jeder Art von Vor-, Nach- und Schadenfreude gehören. Wie bei uns die gelbe Wurst von Feldschlössli. Die Rieder brauchen – durch regelmäßigen Schnapskonsum trainiert – auch keine Zelte für Bierleichen. Den Heimweg genoss ich mit wehendem Haar, Klagenfurt umfahrend. Trotz des neuen Fußballstadions. Dieses sieht aus wie eine Mischung aus Schlauchboot und UFO und kann nach der EM von 32 000 Plätzen auf 12 000 zurückgebaut werden. Super Idee, das könnten wir in Bern auch machen. Ein reduziertes Stade de Suisse sähe viel besser aus, wenn YB spielen würde. Diesen Umbaugedanken dachte ich, während auf dem Weg nach Innsbruck ein pochender Druck auf den Augen von der Stirnhöhlenvereiterung kündete, welche mich nun, Tage nach meinem motorsportlichen Ritt durch die schönen Berge und Auen Österreichs, peinigt. Total kaputt in Innsbruck wollte ich mich sofort ins Nachtleben stürzen. Ich fragte den Portier nach einer Bar ohne Nutten. Der lotste mich zu einem Jazzclub. Dort war nichts los. Das muss wohl an mir liegen. Wenn ich ausgehe, ist nie was los. Da hab' ich eine Begabung. Außer mir hing nur noch ein gewisser Ossi am Tresen. Der sang lauthals »We are the Champions«. Das war irgendwie absurd, zumal sich Ossi mit seinem schwarz-grün gestreiften Trikot als Anhänger des abgestürzten, konkursiten FC Wacker Tirol outete. Nüchtern ist der Ossi wahrscheinlich noch unerträglicher. Frustriert fragte mein innerer Sauhund einen Hip-Hopper nach irgendetwas Verbotenem. Der verstand nicht einmal die Frage und stank nach Schnaps. Was in L.A. das Crack ist, ist in Innsbruck der Obstler. Schließlich schluckte ich noch unfreiwillig eine fette Wurst. Nachdem ich eine Viertelstunde lang unschlüssig in den rauchenden Würstlstand hineingestarrt hatte. Fasziniert vom Sinnspruch auf dem T-Shirt des Würstlverkäufers: »Das Leben ist ein Kampf, die Liebe ist ein Krampf, die Schule ist ein Überdruss, die Würstl beim Sigi ein Hochgenuss!« Warum passiert immer mir so etwas?

HAT MAN WEGEN DER EM AUS DEN KOIS SUSHI GEMACHT?

Nach den Waldviertler Würsteln beim Sigi brauchte ich eine geschlagene Stunde, um den Goldenen Adler zu finden. Dort stürzte ich, total erschöpft und noch angekleidet, auf die Matratze, auf welcher angeblich schon Kaiser Maximilian von Mexiko genächtigt haben soll. Dann kam die Ohnmacht. Aus dieser tauchte ich erst wieder auf, als ich mich im ausverkauften Stade de Suisse, angekettet an eine Torlatte, vor diesem sombrerotragenden Exekutionskommando wiederfand, welches mich an unsere Nati gemahnte. Der Commandante, ein schnurrbärtiger Köbi Kuhn, herrschte mich an. »Wo sind die 2500 Zeichen, Gringo!?« Ich sog gierig an der letzten Zigarette.

»Ich hab' euch immer geliebt, Compadres«, stieß ich dampfend in die kalte Morgenluft. Danach kamen die Bälle. Direkt auf die Leber. Der Mob tobte, ich schreckte hoch und torkelte unter die kalte Dusche. Fasziniert von der Metamorphose meines Morgenzeppelins, welcher unter Kälteeinwirkung ruckartig zum Modell Michelangelo schrumpfte. Nach einem doppelten Espresso und 1000 mg Vitamin C fühlte ich mich wach genug, den Pferden die Sporen zu geben. Bald darauf ließ ich Innsbruck und sein seltsames Tivoli-Stadion hinter mir zurück. Die Wurst lag mir noch immer wie ein Ziegel im Bauch. Erst im Grauholz, kurz vor Bern, wurde ich sie los.

Das erleichterte mir die Ankunft. In Bern dämpfte die EM-Baueuphorie die Vorfreude der Bevölkerung. Schlimmer als in Peking. Auf der Suche nach gesunder Nahrung landete ich im Kursaal. Dort pflegte ich bei schönem Wetter auf der Gartenterrasse zu speisen, bevor die Parkanlage der grassierenden Umbauwut zum Opfer fiel. Ich liebte die gewaltigen Koi-Karpfen im Zierteich, denen man beim gemächlichen Schwimmen zuschauen konnte, während man sich zeitgleich das Lachstatar auf den Toast schaufelte. In einen gelben Zaun aus Schaltafeln starrend, kam mir ein schrecklicher Verdacht. Mich schauderte bei dem Gedanken, dass man am Ende aus meinen Kois Sushi gemacht haben könnte. Ich floh über die Kornhausbrücke in die Kreissaal-Bar. Dort hielt ich mich ans Gebrannte und rang um meinen überfälligen Text. Andreas Thiel von der *Berner Zeitung* war auch da und schluckte Stange um Stange. Meine innere Leere beklagend, bot ich ihm an, für sein *BZ*-Honorar meine *Blick*-Kolumne zu schreiben. Obwohl Thiel eher ein Eisenbahnkolumnist ist. Das las ich dann alles am nächsten Morgen in der Zeitung. Schön, wenn einem jemand sagt, was man alles gesagt hat.

WIR BESCHLOSSEN, EINEN TANZKURS ZU BELEGEN

Der neue Tag war immer noch im Tunnel. Viertel vor drei. Senile Bettflucht. Bald würde die Sonne durch die schweren Vorhänge stechen und diese monströse Lampe aussehen lassen wie einen altersschwachen lichtverhüllenden Art-Deco-Glühwurm. Dieses Objekt könnte aus der Konkursmasse des amerikanischen Entertainers Liberace stammen. Sperrig wie ein Kruzifix auf dem Alcantarasofa liegend, beobachtete ich ihren Schlaf. Die Konturen der Figur, wie müde Meereswellen. Ich schmeckte noch das Salz. Der Atem Ebbe und Flut. Die Schnute ein schnärchelnder Kindertrotz. Die Wimpern wie Theatervorhänge vor dem zweiten Akt. Wie die junge Anna Magnani. Unmöglich, von diesem Bild genug zu bekommen. Irgendwann, die Bandscheiben hatten sich beruhigt, nachdem die gute alte Tante Mo ihr Schlaflied gesungen hatte, küsste ich sie wach. Wir stürmten als Letzte das schon ziemlich leer gefressene Buffet. Für mich nur Lachs und Knäcke. Danach flüchteten wir. Um zu rauchen. Auf die ungemütliche Terrasse. Wir schafften eine halbe Schachtel, trotz der Frage des Oberkellners, ob wir denn draußen nicht zu kühl hätten. Er fürchtete den Mehraufwand und sah aus wie ein Comedian Harmonist, man sah ihm den passionierten Hobbytänzer an. Der Pianist hingegen erinnerte, mit Vollbart und salopper Aufmachung, eher an ein Opfer des Radikalenerlasses unter Helmut Schmidt. Zur Frühspeisung gab er sein Set für die älteren Semester zum Besten: »Wenn der weiße Flieder wieder blüht«, »Ich hab' das Fräulein Helen baden sehn«, »Elisabethserenade«, »Donauwalzer« und eine verjazzte Version des »Badenweiler Marsches«. Am Abend würde er dann für die Junggebliebenen aufspielen. Elton John, »Strangers in the Night«, »Yesterday«, »Love Story« und »Schwanensee«. Dann »Misty« von Erroll Garner und wenn's hoch kommt den »Entelitanz«.
Weil uns das Rauchen alleine zu langweilig wurde, spielten wir Kate Moss und Pete Doherty. Für die Kurgäste, welche uns von

innen heraus durch die Panoramascheiben beobachteten, ein absurdes pantomimisches Spektakel. Wie ich mit meinem kurzkrempigen Panamahut um sie herumhüpfte. Wie der echte Pete, wenn er zu viel Jufflipulver intus hat. Man hielt uns für unpassend. In diesem hundertachtzigjährigen Nobelkasten, in welchem einst Anton Pawlowitsch Tschechow genächtigt haben soll. Jetzt bröckeln die fünf Sterne unter einer Patina der gehobenen Langeweile vor sich hin. Nach Kate Moss gab sie die Mascha. Ich, ein dekabristischer Lyriker, war ihr Kurschatten. Wir spielten Kur in Badenweiler und würden im Hotel Römerbad die letzten Rubel verpulvern. Bestimmt wären wir bis zum Dinner in der Zeit des zaristischen Russlands verblieben, hätte uns diese seltsame Balkontüre mit der eingebauten Klimaanlage nicht an die Sicherheitsschleuse eines KGB-Forschungslabors für biologische Kampfstoffe erinnert. Auch das hoteleigene Schwimmbad hatte etwas Realsozialistisches. Wir hätten anstatt *Kirschgarten* besser Josip Broz Tito und dessen Gattin Jovanka spielen sollen. Nach zehn Längen fühlte ich mich wie der alte Partisan, wenn er sich, seiner irren Erben wegen, vor Ärger im Grab umdrehen muss.

Im Bademantel unter den Bäumen liegend, schraubte ich noch eine ganze Weile an der Weltgeschichte herum, bis das Dinner angesagt war. Danach Nachtleben. In Badenweiler ist das gleichbedeutend mit dem Ratskeller. Dort orgelte ein Alleinunterhalter sein digitalisiertes Programm für die jung gebliebenen Paartänzer herunter. Fox, Walzer, Polka und European Tango. Der Oberkellner war auch da. Wäre toll, man könnte wenigstens eine Rumba aufs Parkett legen.

SCHIESST MAN MIT GOTTES BEISTAND MEHR TORE?

Als Bub, zur Zeit meiner Kindheit in der südkärntner Ortschaft Finkenstein (vormals Mallestig), liebte ich die sonntäglichen Fußballspiele. Vor allem, wenn unser Verein, der FC Faakersee (vormals FC Mallestig), die Schienbeine der gegnerischen Unterligisten malträtierte. Diese hand- und fußfesten Begegnungen würde man heute eher als Kickboxen klassifizieren. Platzwunden, ausgerissene Haarbüschel und Knochenfrakturen waren nicht selten. Unser damaliger Pfarrer, Dekan Philipp Millonig, wetterte von der barocken Kanzel der Pfarrei St. Stefan öffentlich gegen diese Massenschlägereien. Warb ihm doch König Fußball jeden Sonntag seine jungen und jung gebliebenen Schäflein ab, die lieber auf dem Sportplatz die Sau rausließen und sich mit Villacher Bier zuschütteten, als sich von seiner knochentrockenen, in einem Kauderwelsch aus Slowenisch, Deutsch und Latein gehaltenen katholischen Liturgie spirituell erbauen zu lassen. So blieb der Herr Dekan mit seinem Latein allein und verbitterte zusehends. Bis er auf die Idee mit den Sportgottesdiensten kam. Diese ersetzten vielen den sonntäglichen Kirchgang, an welchem man einst Freund- und Feindschaften pflegte, intrigierte oder anbandelte. Für manchen aber ersetzte der Sport auch den Kirchtag, welcher in den ländlichen Gebieten Österreichs die einzige Möglichkeit war, sich kollektiv volllaufen zu lassen oder das eine oder das andere Hühnchen miteinander zu rupfen. Außer es war grad Fasching, Feuerwehrball, Beerdigung, Kameradschaftsbund oder Krampusjagd. Letzterer, einem zügellosen heidnischen Maskentanz, stülpte der Katholizismus, quasi als Security, den heiligen St. Nikolaus über. Den »Nicolo« spielte jeweils Pfarrer Millonig, wobei er es wieder mit denselben unverschämten Rüpeln zu tun hatte, welche ihm wegen der sonntäglichen Kickerei den Seelenfrieden raubten. Der Dekan muss geahnt haben, wie wichtig das runde Leder für das soziale Leben der Gemeinde war. So wurde er selbst Fan und betete um Tore. Viele meinten, es habe am göttlichen Beistand gelegen, dass der FC Finkenstein in den 80er-Jahren sogar die Möglichkeit gehabt hätte, aufzusteigen. Daraus wurde aber nichts. Trotz des im Alter zum Sportpfarrer mutierten Geistlichen. Besser als seinerzeit beim FC Mallestig scheint kürzlich spirituelle Erbauung beim FCZ gewirkt zu haben. Dieser ist mit Gottes und Köbi Kuhns Beistand Meister geworden. Wir mögen es ihnen von ganzem Herzen gönnen – Amen.

ICH BIN SICHER, JOHN WAYNE HASSTE BOHNENEINTOPF

Ich war bloß ihr Bettvorleger, so ein verdammtes Grizzlybärenfell. Zum Abschied schenkte sie mir *Under the Volcano* von Malcolm Lowry. Der Film war besser, nein schlechter, nein Ansichtssache. Wie in diesem Werk beschrieben, so sehe ich mich in meinen finstersten Stunden enden. Tot und lächerlich auf dem Gräberfeld der Leidenschaft. Doch irgendetwas in mir setzte die Fackel der romantischen Liebe immer wieder in Brand. *Under the Volcano* ist Altherrenprosa. So Zeugs, welches Hemingway gerade noch hätte knapp zu Papier bringen können, bevor er endgültig im Alkohol versinken sollte und sich dann selbst umgenietet hat. Alkohol ist die Enola Gay im Beziehungskrieg, dachte ich mir. Dann zog die stumpfe Klinge hautfarbene Streifen durch das eingeschäumte Kinn. Unzählige winzige Wunden hinterlassend, auf denen sich alsbald kleine Blutstropfen sammelten.

Und noch während ich das nächtliche Blutbad in meinem Gesicht beendete, begann ich mich nach positiven Idolen zu sehnen. Nach den Helden meiner Jugend. Dem Rennfahrer Jochen Rindt zum Beispiel, der am 5. September 1970, einen Tag vor meinem fünfzehnten Geburtstag, am Grand Prix von Monza in einem Feuerball sein Leben ließ. Gefallen für den Ruhm. Nach Steve McQueen, wie er im Film *The Thomas Crown Affair* beim Schachspiel Faye Dunaway verführte. Oder John Wayne, dessen hundertstes Wiegenfest gerade gefeiert wurde. Der Duke ist für mich der Größte, seitdem ihn Don Siegel in seinem Western *The Shootist* als letzten Revolverhelden im Bett sterben ließ. Zugedröhnt mit Morphium und der Ahnung, dass es sie wirklich geben könnte, die große Liebe.

Nach dem Filmgemetzel Apfelkuchen und Bohnen mit Speck. Aber der Duke schwang sich aufs Pferd und gab die Sporen. Nur weg von dieser nächtlichen Furzerei im Planwagen. Nur weg von Rosie, Jenny, Gretchen, Nita oder Conchita. Da wählte er als Pistolero stets den Weg der schnellen Hand. Sonst hätte es nämlich geheißen: Pflügen, bis die Schwarte kracht, Old Ischias! Reiten oder Pflügen, das ist das Gesetz der Prärie. Ich glaube, John Wayne hat Bohneneintöpfe gehasst. Mit seinem leicht hinkenden Gang sah er immer so aus, als ob er gerade auf dem Weg zu Mc Clean wäre. Dabei war er stets nur auf der Flucht vor den Frauen. Irgendwie tragisch, wie der sich aus Liebeskummer zu Tode saufende Honorarkonsul im Roman. Aber Johnny war wenigstens ein Mann der Tat. So gab er zum Beispiel in der patriotischen Pferdeoper *Der Teufelshauptmann* sechzehn Mal das Kommando: »Frauen nach hinten!«

Doch irgendwann einmal tauschte er das Bourbon-Glas gegen die Morphiumspritze. Krumm, einsam und einäugig auf seinem hohen Ross. Ein ewiger Geisterreiter auf der Autobahn des Lebens. Anachronistisch, aber stolz. Nicht wie Winnetou und Shatterhand. Altersschwul werden konnte ja auch nicht die Lösung sein. Johnny schoss einfach weiter. Im Krieg Rot gegen Weiß, in welchem Rot nie eine Chance hatte. Bis zum Moment, als er erkannte: »Damned, ich muss allein weiterreiten! Bin nichts als ein armer, starrer Schrank mit Revolver. Ein Kalter Krieger im Westen« – und schließlich die Bedienung des Unterhebelrepetierers der Marke Winchester dem Kinopublikum genauso normal vorkam wie der Atombombenprobealarm im Kindergarten.

Nachdem ich das Kinn mit Blutstiller behandelt hatte, schlurfte ich zum Kühlschrank und goss mir einen kräftigen Gin Tonic ein. Dann schob ich mir *Dylanesque* von Brian Ferry in den Recorder. Lauter starke Dylan-Interpretationen. »Knockin' on Heaven's Door« inklusive ...

Die Eiswürfel im Glas machten »bling, bling«.
Draußen zog ein Gewitter auf.
Ich lebe noch.
Habe alle Chancen.

Dann sah ich die große, schwarze Wolke auf Johnny niederkommen. Seine Cowboyseele stieg auf und ich hörte die Erde auf seinen Sargdeckel poltern.

KLEINSTADTSCHAMANEN

Obschon selber völlig unanfällig für Vulgäresotherik, bestreite ich trotzdem nicht einen gewissen Hang zum Aberglauben. Den hat mir wahrscheinlich meine slawischstämmige Großmutter mit auf den Lebensweg gegeben. Diese soll hellsichtig gewesen sein und zuweilen sogar mit den Toten gesprochen haben. Eine Grenzgängerin zwischen der realen Welt und dem Reich der Untoten, Hexen und Vampire. Schreckgespenster, welche unter dem Lack des Katholizismus seit Jahrtausenden in uns weiterbrodeln. Dunkler Wahn, der dazu führen kann, dass man sich eines Tages aus lauter Angst vor einem gnadenlosen Gott, ein rostiges Schwert schwingend und crowleyzistische Beschwörungsformeln murmelnd, am Rande des Wahnsinns unter einer Eisenbahnbrücke wiederfindet. Aus diesem Irrsinn gab es für mich keinen anderen Ausweg als den dialektischen Materialismus.

Ganz anders mein alter Kumpel, nennen wir ihn René.
Ohne Traumfänger geht der nicht mehr ins Bett und hat heilige Träume von weißen Wölfen. Seine Wandlung vom Trotzkisten zum Millionenerben und Kleinstadtschamanen begann mit der Verfügungsgewalt über sein Vermögen und der Lektüre von Carlos Castanedas *Die Lehren des Don Juan*.
Heute lässt er sich für ein kleines Vermögen von Elizebeth Teissier täglich seine Sternenkonstellation ausrechnen und richtet sogar seine geschäftlichen Transaktionen danach aus. Seither ist der René nur mehr halb so reich, aber immer noch reich genug, um sich seine metaphysische Weltanschauung leisten zu können. Einmal im Jahr knattert er mit seiner fransengeschmückten Harley Davidson durch die Berner Voralpen nach Schwarzenburg zum Keltenfest, um sich Stiller Has reinzuziehen. Das sagt er jedenfalls, doch ich glaube ihm nicht. In Wirklichkeit ist er auf der Suche nach seiner unglücklichen Jugendliebe, nennen wir sie Cheyenne. Die

lebt jetzt im Rüschegg und ist ihrerseits vom kurzhaarigen Betthupferl und Mitglied der Gruppe Kritische Soziologen zur Schamanin mutiert. Früher hing sie noch den wirren Spätlehren Wilhelm Reichs nach. Mit Müh und Not gelang ihr in den späten 70ern nach zwei Wochen, vom Salzwasser fast aufgelöst, die Flucht aus dem Orgontank einer kalifornischen Psychosekte. Seitdem bietet sie Vollmond-Menstruationsriten und Psilocybin-Partys an, weil zur Zeit Meskalin nicht einmal in synthetisierter Form erhältlich ist.

Boshaft polemisierte ich vor mich hin, während ich über die grauen Fäden in meinem Haar nachsinnte und die flaue Mondfühligkeit durch einen kräftigen Schluck Gin und eine Flasche Vollmondbier zu beruhigen suchte. Diese Unruhe, wenn sich der runde Silbermond in den Nachthimmel schiebt und man lieber allein bleiben sollte. Es soll ja in meiner Familie eine Reihe Mondsüchtiger gegeben haben. Leute, die sich am Morgen nicht erinnern konnten, dass sie in der Nacht in den Kleiderschrank gepisst und dabei erst noch französisch geredet haben sollen. Das hat sicherlich alles wissenschaftlich erklärbare Gründe. Daran hielt ich immer fest. Sogar, als ich beim letzten Vollmond wieder dieses Nadeln unter der Haut verspürte. Als ob mir Tausende borstige Haare durch die Haut nach außen stechen würden. Dieses leichte Ziehen im Genick und dieses pochende Gebiss, welches ich immer wieder im Spiegel betrachten musste, weil ich fürchtete, meine Reißzähne seien gewachsen. Aus diesem Albtraum wurde ich erst durch meine sturmläutenden Nachbarn gerissen. Ich soll die ganze Nacht über wie ein Hund gewinselt haben.

Nach dem Vollmond setzte der Regen wieder ein und überschwemmte die Täler. Gut, im dritten Stockwerk zu wohnen, weit weg von den verschlammten Gärten und gefluteten Straßen.

Navigationsschwierigkeiten

Es war der sechste Tag der Bluescruise und die MSC Melody hielt Kurs auf Tunis. Das Thermometer zeigte 38 Grad Celsius und der Salzwasserdampf klebte mir das Hemd an die Brust. Seit Mykonos hatte das Meer die Farbe ihrer Augen, kurz bevor sie einen Wutausbruch bekommt. Dieses Postkarten-Griechenlandblau, welches mich in die Tiefe gezogen hätte, hätte ich mich nicht an der Reling festgekrallt, den Gin Tonic durch meinen inneren Seegang balancierend. Wie ein Kind, das sich an den Schoppen klammert. Einen Liegestuhl hatte ich keinen ergattert, es waren wieder einmal alle besetzt. Von Leuten, die bereits um sechs Uhr aufstehen, um sich für den Rest des Tages eine der raren blauen Sonnenliegen mit einem gleichfarbigen Badetuch zu reservieren. Schweizer gibt es überall. So tigerte ich über die Decks, bis mich die Müdigkeit zurück in die Kabine trieb, aus der ich erst eine halbe Stunde vorher geflohen war. Weil ich das rosarote Muster der Vorhänge und des Bettüberwurfs nicht mehr ausgehalten hatte. Diese grässlichen, überdimensionierten Rosen. So was bekommt man sonst nur in Belgien zu sehen. Die Kabine wurde durch einen schweren Vorhang im selben Dekor in zwei Bereiche geteilt. Jedes Mal, wenn ich den Stoff auf die Seite schob, sah ich im gleißenden Gegenlicht Millionen kleiner Fasern durch den Raum schweben. Heimtückische Partikel, welche sich in den Schleimhäuten der Bronchien und Stimmbänder festhakten. Noch Wochen später hustete ich zähen, gelben Schleim aus, bis mir die Rippenbögen schmerzten wie nach einer Schlägerei. Ich vermutete in meiner Paranoia Asbest.
Erschöpft legte ich mich hin und betrachtete durch das geöffnete Bullauge die Trennungslinie zwischen Wasser und Himmel, hörte, wie der alte Dampfer durch das dunkelblaue Mittelmeer rauschte. Seit fast einer Woche stampften wir völlig sinnlos mit achtzehn Knoten durch das Blau. Livorno – Korfu – Mykonos – Kreta – Malta und nun Tunis. Um die blauen Augen zu vergessen,

hatte ich mir im Duty-free-Shop eine Flasche Schnaps gekauft und jetzt das Räucherwerk entflammt, welches ich mir, geruchsicher verpackt und mit einem dezenten Armani-Duft gegen die Haschhunde getarnt, auf den Hintern geklebt hatte, um es an Bord zu schmuggeln.

Es gibt nichts Schlimmeres, als auf einer Kreuzfahrt alleine in einer Doppelkabine auf einem unbequemen Bett zu liegen und Johnny Walker trinken zu müssen. Auf der linken Seite dieser Pritsche, auf der sie, wäre sie mitgekommen, gewohnheitsmäßig gelegen hätte, hatten sich die Stahlfedern beinahe schon durch den geblümten Schutzbezug der Matratze gewetzt. Sie hätte sowieso nicht schlafen können. Wahrscheinlich hätten wir uns gestritten und die ganze Nacht zum Bullauge hinausgeraucht, um bloß keinen Feueralarm auszulösen. Der Gold Label und das monotone Stampfen des Schiffes ließen mich schläfrig dahindümpeln wie eine chinesische Opiumdschunke.

Beim Einschlafen fragte ich mich, ob es für die Reederei nicht günstiger wäre, den alten, unter panamaischer Flagge fahrenden Kahn einfach absaufen zu lassen, anstatt ihn fachgerecht abzuwracken. Ich träumte, ich sei an Bord der Yorikke, welche mit letzter Kraft ihrem tiefen, nassen Grab entgegenschlingert, um zwecks Versicherungsbetrugs mit Mann, Maus und Endo endgültig versenkt zu werden. Seit ich als Jugendlicher *Das Totenschiff* von B. Traven gelesen hatte, ist mir die Yorikke in meinen schlimmsten Albträumen immer wieder zur schrecklichen Heimat geworden.

Schweißnass fuhr ich hoch, wir legten in Tunis an. Obwohl betrunken und verwirrt, beharrte ich auf dem Landgang. Im Hafen stritten sich Tausende Taxifahrer lautstark um die Kundschaft. Irgendwie landete ich in einem alten, verbeulten Fiat, welcher mich, von einem bösartigen Kater gepeinigt, mitten im Bazar wieder ausspuckte. Gegen das Tier im Kopf gab es kein Gegenmittel. Tunesien zelebrierte den Ramadan. Gerettet wurde ich von zwei mitreisenden, barmherzigen Ladys. Ihnen ist es zu verdanken, dass ich nicht für den Rest meines Lebens in einer tunesischen Ausnüchterungszelle Halma spielen muss.

Dann doch lieber Oscar Wilde und der Abspann von *Dead Man*

Dieser verdammte, nie stattgefundene Sommer hat seine Spuren in Seele und Körper hinterlassen, und während der erste Industrieschnee die Rentner kegeln lässt wie auf der Bowlingbahn, gemahnen mich meine Herzrhythmusstörungen an den allgegenwärtigen Dr. Death. Der ist immer dabei, von der Wiege bis zum Grabe.
»Nur die Liebe hält uns am Leben«, meinte dazu Oscar Wilde, welcher mir immer wieder über die düstersten Stunden hinweggeholfen hat. Wie an jenem Fernsehabend, als mich diese bleierne Schwermut, mit welcher romantische Idioten wie ich geschlagen sind, wieder tiefer ins Leder des durchgesessenen Sofas drückte. In dessen blank polierten Vertiefungen ich immer noch den Geruch der Geliebten zu erahnen meinte, obwohl diese längst über alle Berge war.
»Wer jetzt allein, der wird es lange bleiben ...«, geisterte mir plötzlich Rilke durch den Kopf, obwohl ich doch Oscar Wilde las. Passend zur Stimmungslage ließ ich mir das sechste Mal den Abspann von Jim Jarmuschs *Dead Man*-DVD abspielen. Wegen des Sounds von Neil Young. Den möchte ich, nachdem mir dereinst das Totenglöcklein geläutet haben wird und ich ins Feuer fahren muss, als musikalische Untermalung. Bitte!
Kurioserweise machte mich der im Film stundenlang mit einem Stück Blei im Herzen dahinsterbende Johnny Depp aber eher fröhlicher, anstatt meine Laune zusätzlich zu verdüstern. Endlich wuchtete ich mich aus dem Pfühl rot gefärbter Tierhäute auf, um einen Gin Tonic zu genießen und hernach der inneren Erfrischung eine äußere folgen zu lassen. Ich watschelte ins Badezimmer, um mir mit einer Handvoll eiskaltem Wasser meinen Teint aufzufrischen. Die Minikneippkur wirkte nur bedingt und erneut erschütterte die ausgeflippte Blutpumpe mit einem gewaltigen Stakkato

meinen Thorax. Wie ein Schlagzeugsolo von Art Blakey. Ich führte das Ganze auf die Gin Tonics von gestern zurück und goss mir noch einen ein. Mit der Absicht, nach und nach zu reduzieren. Das geht manchmal Tage so.

Amüsiert betrachtete ich im Spiegel, wie meine Verdorbenheit mir bereits kleine, zynische Fältchen um die Augen und um den Mund gegraben hat, was mir aber nicht unbedingt schlecht ansteht.

»Alle bezaubernden Leute sind verdorben. Das ist schließlich das Geheimnis des Zaubers«, entnahm ich amüsiert Oscars Aphorismen. Und während ich mein Ego aufrüstete, tat der Wacholder seine Wirkung. Ich wurde ruhiger. Dann schaltete ich den toten Johnny Depp aus, um sogleich in der dritten Sendung von »Die größten Schweizerhits« zu landen. Dort ging die Post ab. Da durfte jeder singen, außer Beni Thurnheer, welcher mit seiner Lederjacke aussah wie ein Sanitär-Installateur. Gabriela Amgarten sang mit. In einem schwarzen, scheinbar von Nella Martinetti ausgeliehenen Sackkleid. Celine Dion, wie ein blau-métallisé umgespritzter Pulcinella aus der Commedia dell'Arte. Ueli Schmezer, der jetzt von Mani Matter texten lässt, Gunvor und Bobo als Vampir. Der wirkt als Dracula ungefähr genauso überzeugend wie Pfarrer Sieber, wenn er Klaus Kinskis Part in *Aguirre, der Zorn Gottes* übernehmen würde. Dann wurde unsere Nationalhymne in einer Art verjazztem Trip-Hop-Jodel dargebracht. Von unseren MusicStars, seltsamerweise alle leicht übergewichtig, wie ich selbst auch. Ines Torelli war ebenfalls dabei, auf den Kasperlikassetten gefiel sie mir besser. Dann folgte gnadenlos das Echo vom Geisshimmel mit der »Steiner Chilby«. Der Sieger hieß aber »Schacher Seppli«, gesungen von Ruedi Rymann. Heute wäre ein charmanter Vagabund wie der Seppli randständig und müsste ins Alkistübli, sollte er sich die Drinks an der Bar nicht mehr leisten können.

Das Einzige, was mich wirklich gestört hat, waren die Turnschuhe von Roman Kilchsperger. Die sollte man ihm endlich wegnehmen.

Aber alles in allem: Bravo! Eine demokratische Sendung. Die SVP hat gewonnen. Als Hauptpreis winkte eine Kreuzfahrt.
Um Gotteswillen, nicht schon wieder!
Dann doch lieber Oscar und der Abspann von *Dead Man*.

Nicht geschickt!

Die Feiertage sind vorbei, jetzt räumt sich die Schweiz wieder selber auf. Das dachte ich mir nach einer durchzechten Altjahreswochennacht und versuchte früh morgens mittels einiger Espressi und einer Schachtel Chesterfield ohne Filter meine Gedanken so weit zu disziplinieren, dass ich mich endlich wieder auf das Wesentliche konzentrieren könnte, nämlich auf den Abschluss meiner Steuererklärung.
Schiefe, mit dem Einsturz drohende Papiertürme, welche ich im Traum schon über mir zusammenkrachen sah. Bilder wie an jenem 11. September. Ich lehnte wunschlos unglücklich an einem dieser Stehtischchen der Spettacolo-Cafébar, dem einzigen Ort, an dem man im Bahnhof Bern noch beim Kaffeetrinken rauchen darf. Ich beobachtete die unglaublichen Menschenmassen, die sich am Morgen schlecht gelaunt durch die Bahnhofshalle schieben, um den ganzen lieben langen Tag dem Franken hinterherzujagen. Geburt, Arbeit, Sex, Tod und dazwischen wird gekrampft, bis die Schwarte kracht. Wir sind es nicht anders gewöhnt. Aber zum Jahreswechsel wird man naturgemäß besinnlicher. Das mag vielleicht daran liegen, dass man aufgrund der fehlenden Sonneneinstrahlung eher depro draufkommt und somit auch eher dazu tendiert, sich mit der weihnachtlichen Kampffresserei und der Zufuhr berauschender Substanzen über den jahreszeitlich bedingten Endorphinmangel hinwegzuschmuggeln. Vor allem an Weihnachten, wo viele nach den obligaten Budenfesten, Familienschläuchen, Gratisguetzli in den Bäckereien und den unvermeidlichen Kundenevents mit den fetten Häppchen den Rest der Feiertage in einer Art temporärer Starre verbringen. Gelähmt und verletzlich wie die Anaconda, welche ja manchmal monatelang verdauen muss, nachdem sie ihre Jahresration, einen ausgewachsenen Tapir, in sich hineingewürgt hat.

Auch bei den Angehörigen der Gattung Mensch kann es eine ziemliche Weile dauern, bis all die Fressalien, der Alk, die Drogen und die Schoggi via Kanalisation und Kläranlage wieder in den natürlichen Kreislauf eingeschleust werden. Indem nämlich die granulierte Scheiße auf die Felder ausgebracht wird, um der Erde die Nährstoffe wieder zurückzugeben, die sie braucht, um dieser kosmisch gesehen sinnlosen Zivilisation auch weiterhin als Nährboden zu dienen. Danach kommen die Tage des Zweifels und schlussendlich die Silvesternacht, diese letzte große Konsumorgie, in welche man sich jedoch nie stürzt, ohne sich vorher aus schlechtem Gewissen einige gute Wünsche und Vorsätze gemacht zu haben. Als seelisches Retourticket aus dem pünktlich zum Mittag des 1. Januars auftretenden Katzenjammer.
Vielleicht war es aber auch nur mein Zustand der Extremverkaterung, der mich plötzlich nach dem Sinn dieser morgendlichen Hektik hat fragen lassen. Und dann spürte ich wieder diese tiefe Verlorenheit. So allein. Mitten in diesem Universum. Trotz der Raumsonde Cassini, dem Buddhismus, GPS, MDMA, SMS, SVP und den größten Schweizer Hits. Und ich begriff, dass wir, nachdem wir vom Baum der Erkenntnis genascht, keine andere Möglichkeit haben, als das verlorene Paradies, dieses irdische Jammertal, immer noch perfekter und sicherer zu gestalten.

2008

UNO-Generalsekretär Ban Ki-moon warnte eindringlich vor einer globalen Hungersnot, hervorgerufen durch Börsenspekulation. Mich trieb die Unruhe durch die Nächte. Technopartys haben halt einen gewissen Kuscheleffekt. Die Party ging erst zu Ende, als ich mit Herzrhythmusstörungen in der Intensivstation aufwachte. Bundesrat Samuel Schmid warf wegen der andauernden Rückenschüsse seiner SVP-Kollegen und wegen seines durchgeknallten Armeechefs endgültig das Handtuch, während ich, trotz meines flatterhaften Herzens, wieder optimistisch in die Zukunft blickte. Brachte mir doch der Klapperstorch ein herziges, aber sehr kapriziöses Geschenk namens Mascha vorbei. Auch Ex-Mister-Schweiz Renzo Blumenthal wurde zur gleichen Zeit Papa, derweil Jörg Haider, eine zweisprachige Ortstafel nur knapp verfehlend, mit seinem Auto in den Tod raste.

Während Renzo und ich unsere futuristischen Stokke-Kinderwagen durch die Landschaft schoben, machte die SVP-Plakatpropaganda mit weinenden Kindern gegen die drohende »Kuschelpädagogik« durch die Schulreform HarmoS Front.

Barack Obama wurde zum ersten US-Präsidenten mit afrikanischen Wurzeln gewählt, in den USA platzte die Immobilienblase und wir mussten unseren Großbanken milliardenschwere Rettungspakete in die Tanne hängen. Unter der Milliardenlast brach schließlich auf dem Bundesplatz unsere Weihnachtstanne zusammen.

NEUJAHRSSPAZIERGANG

Die Schweiz räumt auf, dachte ich mir am Morgen des 2. Januars, nach den endlosen Feiertagen, als ich im Begriff war, meinen Weihnachtsmüll hinunterzuschleppen.
Nachdem ich mir mit meinen letzten Vorräten ein dünnes Hafersüppli angerührt hatte, waren mir auch noch die Zigaretten ausgegangen. Den Mitarbeitern der Müllabfuhr steht das frohe Fest erst noch bevor, so dachte ich voller Mitgefühl, als ich versuchte, meine beiden prallen Misttüten in eine kleine Lücke im endlosen Spalier der orangen Müllsäcke zu pressen. Ich fragte mich, welchen Krempel sich die Leute wieder gegenseitig unter den Baum geworfen und hernach in die Abfallsäcke gesteckt haben mögen. Pralinés für Zuckerkranke, brandgefährliche Kerzenständer, solarbetriebene Salz- und Pfeffermühlen, Schals, die fusseln, Fusel für Alkoholgefährdete und so blöde elektrische Sprudelmatten, die man mit Saugnäpfen in der Badewanne festkleben muss. Nicht zu vergessen die Verpackungen und all die Metzger-, Bäcker- und Bauernkalender. So viele Abfallsäcke hat es sonst nie. Die meisten Leute stellen ihren Müll pünktlich raus. Nur ich merke mir die

Abfuhrdaten nicht, obwohl ich schon seit einem Dreivierteljahr in Ostermundigen logiere. Dorthin verlegte ich meinen Wohnsitz, um den drohenden Fanzonen der kommenden Europameisterschaft rechtzeitig zu entkommen. In Bern kam die Müllabfuhr an anderen Tagen und die Säcke waren blau. Ich beschloss einen Marsch zum Berner Hauptbahnhof, dem einzigen Ort, an dem man an Sonn- und Feiertagen in der Umgebung frische Lebensmittel einkaufen kann.

An der Stadtgrenze wechselte die Farbe der Müllsackberge ins Blaue. Ich zählte eins und eins zusammen. Da ergriff mich eine leichte Katastrophenangst, sicher beeinflusst durch die zahllosen Du-schaffst-es-Filme, welche man uns, wahrscheinlich um Amokläufe zu verhindern, an den Festtagen in die gute Stube flimmern lässt. Ich stellte mir vor, was passiert wäre, wenn die Lastwagenlobby um NR Giezendanner aus Protest gegen die Blocherabwahl ihre Camions stillgelegt hätte. Den Müllwagen wäre der Treibstoff ausgegangen und die Region Bern wäre bereits Mitte Jänner unter einem blau-orangen Müllsackberg verschwunden. Die Versorgung wäre zusammengebrochen. Da fehlte dann bloß noch eine zeitgleich zwecks Klimarettung durchgeführte Lichtabschaltaktion und der Notstand wäre perfekt gewesen. Wir müssten, um von oben besser erkennbar zu sein, mit den blauen und orangen Mistsäcken riesige SOS-Zeichen auf der Allmend auslegen, um mit den Superpumas aus der Luft mit Notrationen und Zigaretten versorgt werden zu können. Das wäre ein echtes Live-Weihnachtserlebnis für die ganze Familie anstatt die ewigen Katastrophenschinken zur heiligen Zeit. Kaum würde sich jedoch die Schweiz von dieser Verkettung unglücklicher Umstände erholt haben, käme auch schon die Euro 08. Dieses apokalyptische Szenario ging mir durch den Kopf, als ich schließlich nach kampfmäßigem Noteinkauf frei nach Bertold Brechts Motto »Erst kommt das Fressen, dann kommt die Moral« eineinhalb Kilo Schweinehals, vier Packungen Haferflocken, ein Kilogramm Zucker und eine Stange Zigaretten nach

Hause schleppte. Da kann man sich doch für die Zukunft nur ein etwas besinnlicheres Weihnachtsfernsehprogramm wünschen. Zum Beispiel *007 – der Mann mit dem goldenen Colt, Vom Winde verweht* oder *Spartacus*. Ein antikes Katastrophenepos von Stanley Kubrick, aus der Sparte Schwert und Sandalen.

Raue Nächte

Jemand musste mir etwas in den Gin Tonic gekippt haben. Eine mir bisher noch nicht bekannte Substanz, womöglich MDMA oder wie dieses Zeug heißt. Ich wusste nicht mehr, wie mir geschah. Auf alle Fälle hatte ich Wallungen. Die fetten Bässe hatten Besitz von mir ergriffen. Dann folgten kaleidoskopartig einzelne Bilder. Wie Schnappschüsse. Wie aus einem zufällig auf dem Estrich gefundenen Fotoalbum voller Bilder fremder Leute. Hübsche Frauengesichter, junge, dumme Männer mit den Frisuren frisch geborener Kälber. Tolle Party, Anaconda tanzte Techno. Bis schließlich die maschinellen Rhythmen meinen letzten physischen Widerstand gebrochen und mein synchron zum Sound schwingendes Bindegewebe die Kontrolle über meine Herzfrequenz übernommen hatte. Ich empfand dies als lebensbedrohlich und verließ fluchtartig den Bumbum-Club, um der Aare entlang in Richtung Berner Matte zu ziehen. Mit jedem Schritt erlangte ich an Selbstkontrolle zurück, ohne jedoch den elektronischen Beat ganz zu verlieren. Dieser musste sich in mir kristallisiert haben. Blinkende Quarsare, welche die Bewegung meiner Beine kontrollierten. Anaconda tanzte noch immer. Zumindest aber erlangte der Herzmuskel seine Autonomie zurück, während sich die fetten Beats im dichten Nebel röhrend aareabwärts abschwächten. Bis ich schließlich nur noch von unhörbar wellenden Subbässen gesteuert durch den Nebel hopste. Zum Schluss vernahm ich nur mehr eine Art hohes, schmirgelndes Klicken. Ähnlich dem Geräusch wandernder Steine am Grund des Flusses, das man hört, taucht man in der Aare ab.
Ich verlor endgültig den Überblick.
Stille und Panik total.
Als ich mich endlich wieder orientieren konnte, musste ich wohl eine Zeitmembrane durchschritten haben.
Ich wähnte mich in der Badgasse, am Fuße der Münsterplattform, gleichwohl mir dieser Ort plötzlich baufällig und fremd erschien.

Einige Zeit blieb ich verwirrt so stehen, dann vernahm ich ein herzzerreißendes Schluchzen. Verursacht von einem seltsamen, nach der Mode des 18. Jahrhunderts gekleideten Kerl, der, nachdem ich ihm meine Hilfe angeboten hatte, als Giacomo Casanova vorstellig wurde. Er fluchte wie ein Rohrspatz über das Berner Nachtleben. Er habe einen ganzen Taler für eine Orgie aufgeworfen, jammerte der zügellose Chevalier. Das Mädchen sei ja sehr hübsch gewesen, habe aber weder durch echtes Feuer (um welches es dem geilen Galan im Endeffekt ging) noch durch besondere schauspielerische Leistungen eine derartige Ausgabe gerechtfertigt. Das habe seinen Stolz als berühmtester Liebhaber aller Zeiten zutiefst gekränkt. Deswegen habe er sich auch betrunken, lallte er weiter. Dann versuchte er, von inneren Krämpfen zerwühlt, ein zerknittertes Schafdarmkondom aufzublasen, bevor er mit seiner Klage fortfuhr. Es sei ihm doch stets nur um das Vergnügen seiner Gespielinnen gegangen, räsonierte er. Ihm selber sei es überhaupt noch nie gekommen. Er halte dieses ganze Gerede über den männlichen Orgasmus für völligen Blödsinn. Überdies habe das freudlose Frauenzimmer ihm, um die Demütigung komplett zu machen, auch noch den Liebeslohn hinterhergeworfen. Er wolle mir diesen Taler gerne schenken, vielleicht bringe er mir mehr Vergnügen ein, als ihm beschieden war. Danach rollte er seinen gigantischen Pariser wieder ein und stieg müden Schrittes die Fricktreppe hinauf zur Oberstadt, um mich mutterseelenallein im stinkenden Nebel des 18. Jahrhunderts stehen zu lassen. In der Matte, als diese noch kein hochwassergefährdetes Gebiet, sondern noch das syphilisflirrende Sündenbabel Berns war.
Angeekelt ließ ich das Badehaus links liegen und machte mich auf die Suche nach dem 21. Jahrhundert, in welches ich alsbald, kutschiert von einem klapprigen Taxi der Marke (sag ich aus persönlichen Gründen nicht), zurückkehrte. Ohne Geldbeutel zwar, dafür aber mit einer historischen Münze im Sack. Der Taxifahrer wollte sie nicht annehmen.

In den rauen Nächten, wenn die Verstorbenen zu Besuch kommen, sollte man besser das Heim hüten, Taxigutscheine einstecken oder wenigstens seine Drinks nicht unbeaufsichtigt herumstehen lassen.

Im Falle eines Falles lieber nach Rom

Im zarten Alter von sechzehn Jahren hängte ich mir den Army-Schlafsack um und folgte bei Nacht und Nebel dem Ruf der Freiheit. Zusammen mit meinem ebenfalls langhaarigen Kollegen Rudi, genannt Che. Der hieß so, weil er wahrscheinlich schon als Baby einen zu hohen Testosteronspiegel hatte und daraus folgend mit einem üppigen Bartwuchs à la Che Guevara gesegnet war. In Wirklichkeit sah er, obwohl jünger als ich, eher aus wie Bud Spencer. Heute würde sich ein Typ wie er wohl eher Mc Testo nennen.
Nach drei Jahren in einem katholischen Knabeninternat in Klagenfurt (der Name der Stadt ist eine Untertreibung) war ich für ein normales Leben nicht mehr zu gebrauchen. Jede geregelte Arbeit erschien mir wie eine Haftverlängerung und ich mutierte vom hostienlutschenden Ministranten zum Gammler. Von Meskalin und amerikanischer Beatliteratur beeinflusst, wählte ich aus purer Opposition den Weg gesellschaftlicher Nutzlosigkeit. Wahrscheinlich ahnte ich, dass unsere Eltern uns schon damals mit ihren Haarsprays und Rasierschaumdosen die Schlinge um den Hals legten, welche uns womöglich eines Tages alle umbringen wird. So stahl ich dem Herrgott die Tage. Dies führte zu familiären Spannungen, denen ich nur noch durch Flucht zu entrinnen vermochte. Che ging es da nicht anders.
So nahmen wir den Zug bis zum Grenzort Tarvisio und organisierten uns dort einen Lastwagen Richtung Süden. Das war damals noch einfach. Die amphetaminbeheizten Trucker hatten meist schon Tausende schlaflose Kilometer auf dem Buckel. Mit der ständigen Angst einzuschlafen, falls die Captagontabletten nicht mehr wirken würden. Die Fahrer waren gottefroh, dass ihnen jemand beim Ausladen half oder sie aufweckte, bevor sie womöglich mit rot geäderten Augen ihren Camion in den Straßengraben pilotierten. Der Weg nach Süden war gesäumt von umgekippten Lastwagen. Irgendwann landeten wir in Rom, wohin ja bekanntlich

alle Wege führen. Nach einigen unbeschwerten Wochen wurde ich von der Polizei aufgegriffen und in den Nachtzug nach Österreich gesetzt. Rudi habe ich seither nie wieder gesehen.

Danach gab es noch mehrere Ausbruchsversuche, die sämtlich so ähnlich endeten. Ich war ein Nestflüchter und bin es noch heute.

Rom war ideal, um sich ohne Geld durchzumauscheln, weil diese Stadt seit jeher auf Vagabunden und Pilger eingestellt ist. Nachts rollten wir unsere Schlafsäcke in irgendwelchen Parks aus oder gar im Kolosseum, das damals noch frei zugänglich war. Am Morgen wurde man von der Polizei geweckt. Die Jungs waren okay, haben uns sogar das Gras gelassen und ließen sich überdies eine Morgenzigarette abschnorren.

Meinen Lebensunterhalt verdiente ich mir durch Bettelei. Wobei es sich als umsatzförderlich erwies, dass ich mir ein gigantisches Holzkreuz à la Pfarrer Sieber umhängte. Vielleicht hielten mich die Pilger für eine Reinkarnation des Franz von Assisi, wahrscheinlich hatten sie aber auch nur ein Herz für Kinder. Seit dieser Zeit habe ich immer ein paar Münzen im Sack, für den Fall, dass mich jemand um ein wenig Kleingeld bitten sollte. Egal ob er es für Drogen, Essen oder Hundefutter braucht.

Heute wäre es wohl lebensgefährlich, den Schlafsack vor der Villa Borghese unter freiem Himmel auszurollen. Falls mich überhaupt je wieder der vagabundierende Fluchtreflex ergreifen sollte. Zum Glück habe ich einen Beruf, der mich viel herumkommen lässt. Einst war ich freiwillig auf der Straße, heute erfüllt mich die Vorstellung, ohne Dach über dem Kopf leben zu müssen, mit Panik.

Früher galten Leute, welche sich nicht vom Geld versklaven lassen wollten, als arme Spinner. Heute werden Menschen, welche auf der Jagd nach dem Franken nicht mehr mithalten können, aus dem öffentlichen Raum vertrieben. In Bern soll sogar das Betteln verboten werden.

Dann im Falle eines freien Falles doch lieber nach Rom.

AUCH SONST WERDE ICH MICH BESSERN

Klar gefiel sie mir, roch gut, war blutjung und sah toll aus. Ein Engel. Die meisten Frauen sehen heute verdammt gut aus. Jedenfalls für einen alten Onkel auf Speedflirtingtour. Johnny reitet wieder. Aber wenn ich ehrlich bin, rechnete ich gar nicht damit, dass sie mich mit nach Hause nehmen würde. Sie erklärte mir deutlich, dass sie mit so alten Typen wie mir überhaupt nichts anfangen könne. Ich ließ es mir trotzdem nicht nehmen, ihr einige Nettigkeiten ins Ohr zu brummeln, das liegt mir halt im Blut. Diese Technopartys haben einfach einen gewissen Kuschelaspekt. Weil die Musik so laut ist, dass man ganz nah ran muss, um überhaupt etwas sagen zu können. Ich hätte spätestens skeptisch werden müssen, als sie mir mit ihrer Zigarette ein Loch in die Kaschmirjacke brannte. Stattdessen raspelte ich weiter Süßholz, worauf sie mir ihrerseits einige Infos über sich ins Ohr brüllte. Ethnologiestudentin, Fallschirmspringerin, Tangotänzerin, Papa Werber, Mama gleich alt wie ich und seit Kurzem Nichtraucherin, weil Akupunktur, und dass wir nächstens ein Taxi nehmen sollten. Machen wir, keine Frage, entgegnete ich im Zustand völliger Selbstüberschätzung. Bei ihr zu Hause in der Studenten-WG gab's dann noch ein Mineralwasser ohne Kohlensäure. Bei dieser Gelegenheit lernte ich auch noch ihren Lover kennen. Der sah aus wie Renzo Blumenthal und stammte aus Pristina. Ich bin ein alter Idiot.

Es gibt Momente im Leben, da werden einem von oben Zeichen gesetzt. Wenn Umkehr vonnöten ist. Davor muss man allerdings lang und konsequent genug den falschen Weg beschritten haben. Erreicht man eine dieser Lebensmarkierungen, gilt es, versteckte Hinweise richtig zu deuten. Wie vor einigen Jahren auf Sardinien, als ein Engel namens Emma in Gestalt einer Möwe verhinderte, dass ich im dunstigen Morgendämmer nach durchzechter Nacht mit einer halbvollen Flasche Filu e Ferru in der Hand und lauthals Christian Morgenstern rezitierend über die Felsen des Valle

di Luna in das tosende Mittelmeer gestürzt wäre. Erst ein Möwenschiss auf meinen brandneuen Borsalino gebot meiner blinden poetischen Raserei Einhalt und rettete mich vor dem endgültigen Absturz. Seither liebe ich diese Viecher. Auch wenn sie mir sicher den Boesch vollkacken werden, welchen ich mir als nautisches Fortbewegungsmittel dereinst zulegen werde. Sobald ich endlich einmal so viele Platten verkaufe wie Amy Winehouse.
Auch sie könnte ihr ungesundes Verhalten ändern, würde sie ein Sensorium für die Warnungen von oben entwickeln. Ich mutierte ja auch erst nach einem deutlichen Fingerzeig des Schicksals vom dummen Raser zum verantwortungsbewussten Fahrzeuglenker. Als ich nämlich während meiner Flegeljahre in Kärnten mit knapp siebzehn mir wieder einmal einen fahrbaren Untersatz auslieh, ohne um Erlaubnis gefragt zu haben. Musste ich ja, da ich über kein Fahrzeug und keinen Führerausweis verfügte. Der Mercedes war uralt und rauchte wie eine Dampflok. Irgendwie brachte ich das Ding nicht unter Kontrolle, es zog nach rechts. Schon bald knickte ich die ersten Straßenbegrenzungspfosten um, die waren zum Glück aus Plastik. Der Sound, der dabei entstand, tönte etwa so: »drrumms ... drrumms ... drrumms ...« Schon damals schlummerte ein musikalisches Talent in mir. Vielleicht war es aber auch nur mein jugendlicher Teufelkommraus, der mich dazu brachte, alle Pfosten auf fast einen Kilometer Distanz umzufahren und dazu noch in ekstatischen Beatgesang zu verfallen. Soweit ich mich erinnern konnte, gab ich »Michelle« von den Beatles zum Besten, während ich meine Kehle mit einer Flasche Villacher Bier ölte. Irgendwo bei Warmbad Villach kam der Bleihammer in Form einer granitenen Kilometermarkierung. Das Geräusch, welches jetzt entstand, lässt sich nicht beschreiben. Seither bin ich ein Warmduscher und Weichparkierer. Einer, der nur im Notfall ein Auto entlehnt, nüchtern in der Mitte der Spur fährt und das Drummen den Schlagzeugern überlässt.
Auch sonst werde ich mich bessern.

Alles verjährt …

Ein Frühlingsausbruch im Februar. Wohl als Entschädigung für den Winter, welcher gar nicht richtig kam. Den geplanten neuen Wintermantel konnte ich mir sparen. Der alte, mittlerweile abgeschabte und fleckige hängt immer noch im Schrank. Dabei wollte ich ihn doch ersetzen, sobald es so richtig kalt werden würde. Er ist mir nämlich viel zu groß und stammt aus der Zeit, als ich noch mit hundertvierzig Kilogramm die Erdkruste belastete. Heute hätte ich zweimal Platz in dieser Winterbekleidung. Trotzdem hänge ich an diesem Ding. Es hat mich immerhin einige Zeit lang warm gehalten. Als ich es mir, gefertigt aus einem feinen Kaschmirwollegewebe, vor sieben Jahren zulegte, sah es allerdings noch eleganter aus. Noch nie vorher hatte ich mir so einen teuren Mantel leisten können. Ich erinnere mich noch daran, wie erstaunt ich über sein geringes Gewicht war. An den matten Schimmer und den eleganten Fall des Stoffes, welcher meiner einst viel zu üppigen Figur schmeichelte. Mit der Zeit hat das gute Stück allerdings einiges abbekommen. Mehrere Zigarettenbrandlöcher und einen großen Ölfleck, der nicht mehr herausgeht. Die Ärmel sind durchgewetzt, die Taschen durchlöchert, das Innenfutter aufgeschlitzt und die Knöpfe nicht mehr vollständig.

Vielleicht hänge ich so an diesem Teil, weil es mich an diesen beschissenen endlosen Winter vor bald zweiunddreißig Jahren in Wien erinnert. Als ich mich mutterseelenallein, ohne Geld, Wohnung, Freunde und warme Kleidung durch die kalte Jahreszeit bringen musste. Als Sandler, wie man in Österreich Leute ohne Geld und festen Wohnsitz bezeichnet. Ich hielt mich mit Schneeschaufeln und Schnorren über Wasser und musste mir jeden Tag eine Schlafgelegenheit suchen. Manchmal übernachtete ich am Bahnhof oder auf einer Kartonunterlage über irgendeinem Entlüftungsrost, durch welchen die warme Abluft aus den Gebäuden ins Freie geblasen wurde. Hin und wieder verdiente ich mir ein paar

Schillinge durch den Verkauf der Kronenzeitung, welche ich, vor Kälte schlotternd, vor den Ampeln an den Mann zu bringen versuchte, sobald diese auf Rot geschaltet waren. Diese Arbeit war lebensgefährlich, weil die Autofahrer sofort aufs Gas drückten, sobald das Lichtsignal auf Grün umstellte. Ohne Rücksicht auf Verluste. Damals konnte ich mir nicht vorstellen, dass sich meine trostlose Situation jemals ändern könnte. Ich hasste diese gleichaltrigen, arroganten, verwöhnten Typen aus den Wiener Nobelvierteln in ihren MGs, Triumphs und Alfas. Mit ihren aufgedonnerten Weibern auf dem Sozius. Existenzen wie mich hätten die glatt überfahren, nur weil grün war. Vor allem aber hasste ich die Kälte. Bis ich mir eines Tages in einem Kaffeehaus einfach einen Kamelhaarmantel vom Bügel nahm und Fersengeld gab. So schnell bin ich seither nie wieder gelaufen, das gab mir dann noch zusätzlich warm. Netterweise hatte der Vorbesitzer sein Portemonnaie in der Brusttasche stecken lassen. Gott segne ihn dafür. Einige Tausender in Schilling, fünfzig Deutsche Mark und ein Ehering, den ich schon am nächsten Tag gegen Bares verscherbelte. Für den Beklauten war es ein Versicherungsfall, für mich Weihnachten. Seither ging es mit mir bergauf. Mittlerweile klaue ich keine Mäntel mehr und alles ist verjährt. Geblieben ist mir eine gewisse Achtung vor alten Wintermänteln, das Verständnis für arme Tagediebe und eine Vorliebe für spritzige Zweisitzer und hübsche Beifahrerinnen.

Ich überlegte, nach Thule auszuwandern

Wenn ich etwas hasse, dann sind es Leute, welche mich aus dem Schlaf hochschrecken, weil sie mir einen neuen Telefonanbieter aufschwatzen wollen.
»Fahren Sie zur Hölle!«, bellte ich sie an. »Oder suchen Sie sich einen anständigen Job, irgendetwas mit Computer! Anstatt mitten am Vormittag nackte alte Onkels aus den Federn zu hudeln. Vor allem, weil hier jemand die Radiatoren lüften sollte. Es ist kalt wie in Thule und ich will meinen Anbieter nicht wechseln!«, steigerte ich mich. »Streichen Sie mich doch einfach von der Liste, ich hasse Telefonwerbung. Vor allem, wenn ich gerade bei den Jubelfeiern zur ersten Morgenerektion seit dem 6. 9. 07 bin!«
»Exgüsee!«, entgegnete sie präzis, im Tonfall einer Stewardess, welche einem gerade den Gebrauch der Schwimmweste demonstriert. »Ich mache nur eine Meinungsumfrage.«
In den kaum hörbaren Bässen ihrer Stimme hatte sie dieses ganz leise, haltlose, elektrisierende Poltern. Als ob man eine leere Flasche Southern Comfort ganz langsam über einen Skihüttenboden rollen lassen würde. Die mittlere Klanglage hingegen tönte gescheit und noch nicht ausgebrochen. Ich schätzte sie auf knapp vierzig. Eine Frau, die den Essay von Simone de Beauvoir über das Alter wahrscheinlich schon gelesen hat.
Über allem jedoch klingelte da noch so ein leicht übergeschnapptes Trillern.
»Sind sie noch dran?«, sorgte sie sich schon fast ein wenig. Sie musste wohl einige Sekunden vergeblich auf eine Antwort gewartet haben. Wahrscheinlich, weil sich bei mir wippend eine weitere Vollversteifung angekündigt hatte, und genau damit hatte ich nun wirklich nicht gerechnet. Dieses erotisierende Trillern hatte mich total aus dem Häuschen gebracht, glaubte ich doch in ihrer Stimme eine gewisse Verdorbenheit orgeln gehört zu haben.

»Ja aber hallo, loset Sie emal, das können Sie aber auch anständig sagen, dann streiche ich Sie halt von der Liste«, klang es schon fast beleidigt, »... es gibt ja auch Männer, die zahlen pro Minute, dass ihnen überhaupt wer telefoniert!«

Offensichtlich hatte sie gerade selbst an etwas Unanständiges gedacht, sonst käme sie ja nie auf so einen Satz. Sie hatte mich durchschaut und ich rollte ihr scheinheilig ein »Sorry, hab gedacht, Sie wären von Orange« hinüber und beneidete sie gleichzeitig um ihre komplexe Erotik und fühlte mich selber diesbezüglich total simpel. Um die Verbindung nicht abreißen zu lassen, setzte ich sofort nach. »Hey sorry, ich möchte das so gerne wiedergutmachen, kommen Sie doch vorbei und bringen Sie eine Flasche Southern Comfort mit!«

Sie japste nach Luft.

»... Und stecken Sie das Haar hoch und ziehen Sie bitte das kleine Schwarze an. Das mit der hoch angesetzten Taille«, säuselte ich weiter, »und unten nichts, nur Wasser und Seife und um Gotteswillen keine Strumpfhosen ...«, brachte ich die Ebenen vollends durcheinander. Nach einem ohnmächtigen Stöhnen ließ sie mich mit dem Signalton allein. Seitdem vermisse ich sie sehr und suche sie. Neulich fand ich unter einer dieser »Ruf an!«-Rubriken eine Nummer. Die Dame ab Band tönte ähnlich, aber jünger. Die wollte mir klarmachen, dass sie jetzt gerade mit ihrem Handy herummachen würde. Darüber muss ich wohl eingeschlafen sein. Als ich aufwachte, war es Nachmittag und die Heizung funktionierte wieder. Am anderen Ende der Leitung war die Telefonsexanbieterin immer noch mit dem Handy beschäftigt. Ich überlegte, der Telefonrechnung wegen nach Thule (Grönland) auszuwandern. Dort würde ich mir eine Schneeplastik von Nicole Kidman anfertigen.

OSTERSCHNEESTURM

Erst sah es so aus, als ob der Frühling käme. Stattdessen kam Regen wie Bindfäden, dann kalter Schneeregen und schließlich dieser Wind, der die riesigen Schneeflocken waagrecht an die Fensterscheiben des alten Bauernhauses klatschte. Dabei hatte ich sie erst geputzt. Neun Fenster, unterteilt in sechs kleine Fensterscheiben; dann noch neun Vorfenster mit derselben Unterteilung. Das heißt hundertacht kleine, quadratische Glasscheiben, die ich mit Ajax und Zeitungspapier reinigen musste. Die *NZZ* eignet sich von der Papierqualität her am besten.

Jetzt knallte dieser verdammte Osterschneesturm gegen die blitzblanken Scheiben, bis das wacklige Glas in den morschen Rahmen anfing zu klirren. Das Bellen der Kettenhunde war verstummt, der Wind steigerte sich zu einem bedrohlichen Röhren. Die ausgedörrten Tannenbretter begannen zu klappern und zu ächzen. Einzelne Ziegel lösten sich vom Dach. Einsam schlug ein losgerissener Fensterladen. Die Luft fauchte durch das Tenn, suchte vergeblich eine Stelle, um in das Haus zu dringen und das ganze Dach mitzureißen. Mein Herzschlag geriet aus dem Rhythmus, ich hatte Angst, stürzte zum Fenster. Sah fassungslos Tannen, Kühe, Traktoren, Füchse, Silos, ganze Dörfer vorbeifliegen. Armeen Verstorbener, die Jahrhunderte. Jene Menschen, welche diese endlosen Wälder einst rodeten und in harter Knochenarbeit diese Kulturlandschaft schufen, die wir heute als Emmental kennen. Ein Menschenschlag, der gelernt hat, mit wenig Worten auszukommen, weil einem früher wegen einer rebellischen Rede oder des falschen Glaubens drakonische Strafen drohten. Gehäutet, geviertteilt, geköpft. Oder zu Trachselwald in Ketten gelegt. Sodass schließlich die Sprache der Emmentaler immer langsamer, hermetischer wurde. Nach einem geheimen, für Außenstehende unverständlichen Code, mit dem sie ihrer Verzweiflung, ihrer Frömmigkeit und ihrem beißenden Spott gegen die Obrigkeit Luft machen konnten. Ohne das

Schicksal des Bauernführers Niklaus Leuenberger teilen zu müssen, dem man anno 1653 wegen seiner Aufmüpfigkeit den Kopf abschlug und ihn danach noch vierteilte und vor den Toren Berns aufhängte.

Heute, angesichts der drohenden und sich abzeichnenden globalen Hungersnot, der drastisch steigenden Getreide- und Energieknappheit, versucht man den Bauern einzureden, ihre Arbeit sei nichts mehr wert. Um ihnen den Boden, das Wasser und den Wald abzuknöpfen, die Erde, in der sie verwurzelt sind.

Je länger ich in den Schneesturm starrte, desto entrückter fühlte ich mich, musste eingeschlafen sein und flog schließlich selbst im Sog der Jahrhunderte davon. Wie eine Schneeflocke zu Ostern. Immer höher über das Emmental, das Ahnenland, zu dem es mich im Laufe meines Lebens immer wieder zurückgezogen hat. Weil ich selbst ein entwurzelter Bauer bin, einer, der seinen Boden unter den Füßen schon lange verloren hat.

Am frühen Morgen schreckte ich aus meinem Ohrensessel hoch. Torkelte wie betäubt ins Schlafzimmer. Das Kind schlief selig, völlig k.o. vom Schnee und von der Kälte. Eingewiegt vom Duft des Heus, imprägniert vom Stallgeruch. Wärme, Heimat.

An eine Flucht war nicht mehr zu denken. Der Osterhase hätte Schneeketten montieren müssen. Die ganze Gegend war unter einer dichten, glitzernden weißen Decke begraben. Der Wagen war nicht mehr auszumachen zwischen den tief herabgezogenen Dächern der Bauernhäuser, welche alle aussahen, als hätten sie dicke Wollmützen aufgesetzt.

Es kann nicht nur ein Traum gewesen sein

Ich hatte die Flucht ergriffen. Nur weg aus diesen Sandsteinarkaden, deren behäbiges Image im Gegensatz zu den Drogen steht, mit denen sich die Bewohner jeden Tag fit für all die Partys und die Jagd nach dem Franken machen. Einer Stadt, in welcher so viele Leute offenbar unter Dauerschnupfen leiden, sodass sie alle Viertelstunde auf die Toilette müssen, kann ich keine gemütlichen Seiten mehr abgewinnen. Es war an jenem Morgen nach dieser Goa-Party, welche ich nur der schönen Piratin wegen aufgesucht hatte, von der ich meinte, dass sie ein Auge auf mich geworfen hätte (das andere war von einer Augenklappe verdeckt), als ich mich völlig erschöpft auf einer Parkbank wiederfand, geweckt von der tückischen Sonne, welche durch alle Wolken hindurch rote Halbmonde auf meine Backen gebrannt hatte. Ich musste einige Zeit im Wachkoma zugebracht haben und brauchte minutenlang, um herauszufinden, wo ich mich eigentlich befand. Ich warf mich ins nächste Taxi und ließ mich nach Hause chauffieren. Nach einer kalten Dusche und 1000 mg Vitamin C lachte mir Doktor Tod mit glasig blitzenden, tief in den Höhlen liegenden Augen diabolisch zu und bedeutete mir, dass er mich spätestens in einem halben Jahr abholen werde. Falls ich nicht sofort mit der verdammten Sauferei, den Partys und dem ganzen Zeugs aufhören würde. Ich fühlte mich wie Anthony Hopkins in dem Streifen *Meet Joe Black* und muss zugeben, dass diese Begegnung, mag sie auch nur meinem überreizten Nervenzustand zuzuschreiben sein, mich im höchsten Grade beunruhigte.

Kaum sah ich klarer, stürmte ich, das Nötigste zusammenraffend, in die Garage, um mich von der kernigen Durchzugskraft meines alten MX-5 in den hintersten Winkel des Emmentals katapultieren zu lassen. An jenen Ort inmitten des grünen Hügelmeeres, wohin ich jeweils flüchte, wenn mich die Dämonen holen wollen. Dort kann ich, auf der Laube den Wolken zusehend, meine Einsamkeit und die Sehnsucht vergessen.

Kaum angekommen, machte der April seinem Ruf alle Ehre. Frau Holle schickte »Pulver gut« und ich dachte darüber nach, warum in den Städten mittlerweile selbst in den Fünfsternhotels alle chromstählernen Toilettenpapierspender völlig zerkratzt sind. Draußen türmten sich die Schneekristalle auf den Dächern der Bauernhäuser zu glitzernden Kappen auf, im Herd knisterte das Feuer. Dann überkam mich diese Verlorenheit, mit denen die Gespenster sich anzukündigen pflegen, bevor sie einen in die Mangel nehmen wollen.

Das Spiel der Schneeflocken hatte etwas Beruhigendes. Ich schlief ein und träumte von meiner schönen Piratin. Ihrem schlanken Hals, ihrem blauen Auge. Vom Totenkopfmuster auf ihrer Unterwäsche und dass sie mich zu einer Technoparty im Bären eingeladen hätte. Dass ich sie mit einem roten Traktor aus der Dead-End-Bar abgeholt und sie mir zuliebe eine silberbehängte Berner Sonntagstracht angezogen hätte, für welche ich, der engen Corsage wegen, immer schon eine Schwäche hatte.

Raffinierterweise hatte sie dabei die obligate weiße Bluse weggelassen. Kein Wunder, verfiel ich ihr nach dieser Nacht. Führte sie heim, nährte sie mit Ankenzopf, geflochtenem Büffelmozzarella aus dem Schangnau, Honig, dickem Rahm und Kirschwasser. Bettete sie auf einem Strohsack, gestopft mit Mohnblumen, Hanfblüten, Rosenblättern, Bilsenkraut und Minze. Jodelte für sie, spielte ihr mit dem Alphorn und dem Langnauerörgeli auf. Fuhr sie mit dem Hürlimann über alle Hügel, damit sie genug frische Luft hätte. Schwängerte sie ununterbrochen bis zu meinem Ableben, aus welchem ich schweißgebadet erwachte. Draußen rieselte der Schnee. Sie war fort. Nur die warme Vertiefung neben mir im Bett und ihr Duft erinnerten mich daran, dass das Ganze nicht nur ein Traum gewesen sein kann.

Sonst muss man halt nach Liechtenstein auswandern

Mein Vater war Schweizer, meine Mutter Österreicherin. Somit habe ich zwei Heimatländer, in denen ich verwurzelt bin. Lustig ist ja, dass oft die genau gleichen, leicht boshaften Witze, über welche wir Schweizer uns endlos zerkugeln können, seitens der Österreicher mit umgekehrten Hauptdarstellern als Schweizerwitze zum Besten gegeben werden.
Was sich liebt, das neckt sich.
Als Mensch, der seit frühster Kindheit in beiden Ländern zu Hause ist, kriege ich da mein Fett doppelt weg. Das fing schon in der Schule an. Da sorgte mein schweizerdeutscher Rufname »Res« (emmentalerische Kurzform für Andreas) für Erheiterung. Da hätte ich genauso gut Echnaton oder Hürlimann heißen können. Mit letzterem Namen wurde ich als Schweizer in Österreich auch oft gefrotzelt, wobei ich mich immer fragte, was denn diese Österreicher Seppeln an diesem Familiennamen so lustig finden, welcher ja bei uns genauso geläufig ist wie Luder, Buser oder Schnebeli. Diese »Groschlis« (als solcher wurde ich dann jeweils in der Schweiz tituliert) denken sich auch immer gleich etwas Unanständiges.
Das darf man sich nicht allzu sehr zu Herzen nehmen. Sonst muss man halt nach Liechtenstein auswandern, welches ja so etwas wie die perfekte Mischung meiner beiden Heimatländer ist. Ist doch das Ländle bekanntlich eine waschechte Habsburgermonarchie und trotzdem so etwas wie eine kleine Schweiz im Briefkastenformat. Manchmal, wenn unsere Schweizer Armee wieder einmal den Schutzwald oberhalb von Vaduz in Brand schießt, hat man das Gefühl, der Befreiungskrieg meiner Schweizer Urahnen gegen die Habsburger dauere immer noch an. Als Exil böte sich dann höchstens noch Vorarlberg an, die reden auch alemannisch. Als ich schließlich vor fünfunddreißig Jahren das ewige »Res, Käs, Schweizerkäs!«, welches mir schon im Kindergarten um die Ohren

schallte, endlich so satt hatte, dass ich mich zu einer Rückkehr in die Schweiz entschlossen hatte, ließ ich gleichzeitig den Emmentaler Res zum Stadtberner Ändu mutieren. Weil ich, wie schon so viele Österreicher vor mir (auch H. C. Artmann wilderte schon unter den Lauben), dem unbeschreiblichen Charme einer schönen Bernerin erlegen war. Das Blöde war nur, dass nicht nur mein Vorgänger bei dieser Dame Ändu hieß, sondern auch mein Nachfolger. Bis ich dem Ganzen ein Ende setzte.

Ich wusste wirklich nicht, von wem sie im Schlaf redete. Zudem fanden meine österreichischen Kollegen Ändu unwahrscheinlich witzig. Die können nämlich aus irgendeinem Grund ä und u hintereinander nur mit Mühe aussprechen. Das führte dann dazu, dass ich mich heute Endo nenne. Das ist wiederum ein Name, der in Japan recht häufig vorkommt. Ein Land, welches nun mit Österreich überhaupt nichts gemeinsam hat, außer dass es einen Kaiser gibt. Einen solchen hat Österreich aber leider nur mehr mental. Seit der große Bruno Kreisky 1983 aus lauter Trotz zurückgetreten ist, nur weil sein stures Volk das Atomkraftwerk Zwentendorf nicht wollte. Wo sie recht haben, da haben sie recht, diese Österreicher. Dies, obwohl Bruno der Große von allen aufrichtig geliebt und verehrt wurde, weil er wie kein zweiter Nachkriegspolitiker, mit Ausnahme des Leopold Figl vielleicht, das Schmähzepter zu schwingen wusste. Letzterer, ein legendärer Weinbeißer und erster Bundeskanzler der Zweiten Republik, führte Österreich 1955 als Außenminister in die Unabhängigkeit, indem er angeblich den damaligen russischen Außenminister Molotow beim Heurigen unter den Tisch soff. Gegen diese Schrammelattacke war der bolschewistische Hardliner machtlos. Der kannte wahrscheinlich nur Wodka oder Molotowcocktails. Seitdem setzte Österreich mehr auf die kulinarische Landesverteidigung, während man bei uns in der Schweiz den ganzen Kalten Krieg lang bis in die heutigen Tage hinein auf die Panzerschlacht im Mittelland setzt. Weil wir Schweizer keinen Heurigen haben und erst recht keine trinkfesten Politiker, wie Leopold Figl einer war. Der Einzige, der so was zustande gebracht hätte, ist leider von uns gegangen. Unser hochverehrter, allseits geliebter, leider verstorbene alt Bundesrat Jean-Pascal Delamuraz. Der hätte es vielleicht noch geschafft, etwaige Invasoren mit Fendant in Schach zu halten. Bliebe höchstens noch der Filippo Lombardi, aber der hat im Moment genug im Tessin zu tun. Jetzt, wo er plötzlich wegen der streikenden Bähnler für den öffentlichen Verkehr eintreten muss.

Eine richtige Armee braucht Österreich bis heute nicht. Die können bei Bedarf von der Schweiz den alten Krempel mieten und der Sämi Schmid kann sich die Entsorgung sparen. Eine Win-win-Situation quasi.

Genauso wie die Euro 08. Eine einmalige Gelegenheit für die Schweiz, auch ein bisschen zu Europa zu gehören. Außer vielleicht beim Eurovision Song Contest. Vielleicht haben die Österreicher aber auch nach zwei Weltkriegen eine tiefere Abneigung gegen alles Militärische als wir Schweizer, denen diese Stahlgewitter zum Glück erspart geblieben sind. Gelingt es den Österreichern vielleicht daher besser, sich den sinnlichen Freuden des Lebens hinzugeben als uns Schweizern, oder liegt es an den unterschiedlichen religiösen Prägungen? Einerseits der barocke Austrokatholizismus, andererseits diese zwinglianische helvetische Nüchternheit. Während der Katholik eher ein Vertreter des Ablassgedankens ist, vertritt der Protestant eher den Abgabegedanken. Arbeiten und Abgaben zahlen.

Bei uns in der Schweiz gibt es sogar Drogenabgabeprogramme. Überhaupt neigen wir Schweizer dazu, für jedes Problem ein Maschineli oder ein Stübli zu erfinden. Fixerstübli, Alkistübli, Walliserstübli usw. Bald kommt wohl auch noch das Raucherstübli. Nicht, dass zum Beispiel in Österreich das Rauchen im Zug erlaubt wäre, nur kümmert sich oft niemand darum. Die Österreicher setzen da mehr auf die kleinen Schritte. Österreich war das erste Land, in dem schon seit langen Zeiten der Nichtrauchersitzplatz bekannt ist, um die Menschheit vor dem Tabakrauch zu schützen. Es bleibt dem Nichtraucher selbst überlassen, ob er auf seinem Sitzplatz rauchen möchte oder nicht.

Es gibt Reis

»Schüttle dein Haupthaar Baby, es gibt Reis …!« Diese Textzeilen Helge Schneiders geisterten mir jüngst durch den Sinn. Als ich meinen Einkaufswagen auf der Suche nach dem richtigen Korn für mein geplantes Risotto Milanese durch die Regale des Coop Breitenrain in Bern pilotierte. Dieses Gericht hat den Vorteil, dass man dazu Weißwein benötigt, welchen ich im Unterschied zu anderen Leuten erst kurz vor dem Erreichen der richtigen Bissfestigkeit, ganz zum Schluss, unter beständigem Rühren hinzugebe. Das gibt dem Riso erst den richtigen Pfiff und ich kann mich schon beim Kochen vollgluggern lassen. Nicht, dass ich ein Alki wäre, aber es gibt so Tage …

Wenn ich plötzlich bemerke, wie die Zeit vergeht, und mich daran erinnere, wie die Kinder, als sie ganz klein waren, eine Zeit lang nur Poulet und Risotto essen wollten. Das haben sie wahrscheinlich von mir. Auch ich nahm als Kleinkind nur Reis mit Sauce zu mir. Aber wer jemals wie ich, opiumumnebelt, ohne nennenswerte Geldmittel, einzig ernährt durch Reis und Linsen, durch die Hügelwelt Nepals gegammelt ist, braucht das »Chinesengrien« nicht mehr jeden Tag. Weil es stopft. Und wenn schon, dann bitte auf die italienische Art und mit viel Fleisch und Gemüse. Immer nur Reis führt auch zu Mangelerkrankungen. Risotto koche ich nur an meinen Nostalgieabenden. Sonst ist eher Pasta angesagt. Ich brauche ca. ein Kilogramm Vialone vierteljährlich und wenn, dann meist spontan.

Meinem Großvater zum Beispiel wäre es nie eingefallen, sich wegen eines einzigen Kilogramms Reis mit einem Einkaufswagen durch die Regale zu quetschen, wie ich es blöderweise aus Angst vor einer aufkommenden Hungersnot mit gleich zwei Packungen derselben Sorte tue. Der hatte aus zivilschützerischen Gründen Reis, Zucker und Mehl gleich sackweise eingelagert. Das Fehlen dieser Grundnahrungsmittel wird mir wahrscheinlich erst dann auffallen, wenn die spekulationsbedingte Nahrungsmittel- und Energiekrise, vor welcher der UNO-Generalsekretär Ban Ki-moon jüngst eindringlich warnte, auch uns erreicht haben wird. Und während ich so vor mich hin über den Nutzen dieser Getreidesorte für die Ernährung der Menschheit nachdachte, wurde ich plötzlich von hinten gerammt. Von einem Hamsterkäufer, der mich mit irr flackerndem Blick mit seinem gigantischen rollenden Einkaufskorb abschoss. Mit zwölf Packungen Reis. So viel brauche ich in drei Jahren. Entweder er plant Paella für den Muttertag oder er ist ein Hamsterer, dachte ich mir. Gleichzeitig sinnierte ich darüber, warum Coop auf einmal die normalen Einkaufswagen durch diese Offroader der Einkaufsregale ersetzt hat. Wahrscheinlich, um besser für Hamsterkäufe gerüstet zu sein. Von schlechtem Gewissen gepeinigt, lenkte ich meinen Wagen wieder zum Reisregal und legte eine Packung zurück, um nicht als Grundnahrungsmittelspekulant die Preise noch weiter hinaufzutreiben. Stattdessen krallte ich mir ein halbes Kilo Spaghettoni von Barilla. Das konnte ich mit meinem politischen Gewissen besser vereinbaren. Aus Teigaffen machen die meines Wissens noch keinen Biosprit. Wenn das so wäre, müsste ich wohl auf Stocki ausweichen. Schlecht gelaunt reihte ich mich mit dem Reis und den Nudeln in eine der endlosen Warteschlangen ein, wie immer in die falsche. Zwar mental übel drauf, aber doch mit der Gewissheit, dass ich mit dem Kilo Vialone und den Teigwaren bestens für die ersten beiden Tage der globalen Hungersnot gerüstet bin, obwohl ich Reis eigentlich gar nicht mag.

CHOP SUEY UND DER HUND VON IRIS BERBEN

So habe ich mich immer enden sehen, durchfuhr es mich, als ich jüngst in Recklinghausen gerade im Begriff war, an einer Überdosis Glutamat zu verrecken. Diese hatte ich mir, einem braun glibbernden Chop Suey aus einem chinesischen Take-away untergemischt, verabreicht. Die Wok-Bude befand sich im Parterre des hundertzehn Jahre alten Hotel Zum Bahnhof, in welchem neben unserer Bluestruppe in den 50er-Jahren angeblich sogar Gustav Knuth abgestiegen sein soll. Dem Internetauftritt dieser Herberge war nicht zu entnehmen, in welch exponierter Lage sie sich befindet. Eingeklemmt zwischen einer Bahnlinie, einer Kreuzung und einer sechsspurigen Ringstraße. Ein Hotel der Romantikkategorie, in welchem ich mich zeitweise in die zwar grandiosen, aber düsteren Romane des amerikanischen Beatdichters William Burroughs versetzt fühlte. So durchlitt ich schlaflos und fiebernd zwei Nächte. Von meinem Zimmer aus abwechselnd die Straße, den Schienenstrang mit seinen vorbeirauschenden ICEs und das hinter der Bahnunterführung blinkende Neonlicht des örtlichen Eros-Centers im Blick. Im nahe gelegenen Park reiherten die Junkies in die Büsche. Anstatt zur Hölle zu fahren, flüchtete ich unter den einzigen Viersternehimmel in Recklinghausen, nämlich ins Hotel Engelsburg. Der Name schien mir auch besser zum drohenden Hinschied infolge einer Glutamat-Allergie zu passen.
In diesem Nobelkasten nächtigten übrigens auch alle anderen Künstler der Ruhrfestspiele 2008, inklusive Iris Berben. Ich lag ihr immer schon zu Füßen. Nicht erst, seit sie die TV-Kommissarin Rosa Roth spielt. Von ihr würde ich mir liebend gerne Handschellen anlegen lassen. Ich hatte wie sie die Ehre, im Rahmenprogramm des Festivals aufzutreten. Frau Berben las Woody Allen, während ich mit Stiller Has acht Abende lang in einer Filiale der Sparkasse Vest die Leute für ein respektables Honorar beschallte. Sieben Mal wurden unsere Auftritte von Herrn Haase angekündigt, dessen

pastellfarbene Krawatte perfekt zum lindgrünen Teppichboden passte. Ebenso harmonierte die Farbe der hundert grünen Plastikgartenstühle Ton in Ton mit der Kolorierung unseres Schlagzeugs. Womit ich für die erste Nummer der acht Auftritte thematisch schon einen Aufhänger hatte. Vor allem, weil der Herr Haase seine Krawattenfarbe täglich wechselte. Meine Mama, würde sie noch leben, wäre stolz auf mich gewesen, mich legal in einer Bank arbeiten zu sehen, dachte ich mir Abend für Abend. Am achten Abend war Herr Haase leider verhindert, dafür wurden wir von Herrn Besser angekündigt. Es war der beste Gig und wir wurden mit herzzerreißenden Standing Ovations verabschiedet. Jetzt gibt es im Ruhrgebiet Hasenfans und ich bin noch immer hingerissen von der irisierenden Ausstrahlung der Frau Berben. Vielleicht liegt es daran, dass ich mich, unmittelbar nachdem sie sich aus dem Sofa in der Hotellobby erhoben hatte, an jener Stelle hinsetzte, an der sie kurz vorher gesessen hatte. So fühlte ich noch eine Spur ihrer Körperwärme, welche mich einige Minuten lang in einen Zustand hoffnungslos närrischer Verliebtheit stürzte, aus dem ich erst erwachte, als eine Horde lärmender junger Schauspieler die zarte Stimmung ruinierte.

Weniger hingerissen war ich am nächsten Morgen nach dem Frühstücksbuffet auch vom Hund meiner angebeteten Kommissarin, der sich doch tatsächlich anschickte, mir an die Wade zu gehen. Vielleicht, weil ich ihn für einen Jack Russell hielt, was zur Hälfte ja auch stimmen mag. Die andere Hälfte, nämlich die von den kurzen Stummelbeinen aufwärts, glich hingegen auf beängstigende Weise derjenigen eines Mini-Bullterriers. Die Bewegungen erinnerten an den Angriff eines Komodowarans. Das Tier hatte den Killerblick des Vierbeiners. Und es wurde von Frau Berben sofort erfolglos zurückgepfiffen.

»Das ist aber ein böses Hunderl, so eine Art Terrier, nicht wahr?«, suchte ich das Gespräch. »Psst«, entgegnete Rosa Roth mit einem bezaubernden Lächeln, »sagen Sie ihm das bloß nicht, davon weiß er noch gar nichts!«

SIE SCHIEN MICH WIEDERZUERKENNEN

Ich fragte ihn, ob er den Film auch gesehen hätte, in welchem krass geschrumpfte Doktoren mit einem Mini-U-Boot im Kreislaufsystem irgendeines Patienten herumtauchten, um mit einem Bordlaser Tumore und Blutgerinnsel zu eliminieren. Der Kardiologe brummelte bloß irgendetwas Unverständliches, während er mit einer Sonde in meinen Koronararterien herumkurvte. Gleichzeitig kochte mich die nächste Dosis Kontrastmittel. Wenig später konnte ich am Monitor die Kontraktionen meiner guten alten Pumpe mitverfolgen.

»Gutes Herz an sich, höchstens ein wenig flatterhaft und eine Spur zu drehfreudig, wie mein alter MX-5«, suchte ich erfolglos das Gespräch.

»Tscha ...«, brummte der Herzspezialist, »kann beim besten Willen nichts finden, eine gute Nachricht für Sie.«

Nach einer halben Stunde war alles vorbei. Nicht aber der schmerzhafte Druckverband auf meiner rechten Leiste. Sechs Stunden lang sollte ich mich nicht bewegen. Zum Träumen gab es dann eine Einheit hydrochlorierte hauchzarte Sünde. Ich fiel in einen Dämmer wie von einem Moskitonetz im Durchzug umschleiert. Wie ein erster Schnee. Tauchte ab in meine eigenen Adern. In einem tiefseeblauen Rinspeed, einer genialen Mischung aus Lotus Elise, Untersee- und Motorboot. Ich fühlte mich wie James Bond. Die Beifahrerin war bildhübsch, sah aus wie Audrey Hepburn, wenn diese einen auf Ägyptisch macht, und war völlig unanfällig für meinen ungehobelten Charme, was ihre Anziehungskraft allerdings nicht zu mindern vermochte. Sie hatte etwas Magnetisches, etwas, das mich nervte und gleichzeitig entwaffnete, zumal sich das Kontrastmittel nun an einem eindeutigen Ort pulsierend zu konzentrieren schien. Es wäre mir nicht möglich gewesen, aufzustehen, da das Mittel meine hervorragende Männlichkeit von innen garte während dieser Tauchfahrt durch die Röhren, Kurven, Abzweigungen und Kapillaren des eigenen Systems. Geschätzte 3351 Jahre lang trieben wir schweigend durch dieses rote, pochende Universum. Bum-bum, bum-bum, bum-bum, bum-bum, bum-bum, bum-bum und dann – erwachte ich. Vier Stunden später saß ich im Zug nach Berlin. Tauchte erneut in meine Adern ab, der rätselhaft Schönen zu begegnen. Sie war weg. Wieder vergingen Jahre, bum-bum, bum-bum, bum-bum und dann – das Bremsmanöver im Bahnhof Frankfurt am Main. Es drückte mir den Kopf zur Seite und ließ mich erwachen. Frau und Auto waren wieder einmal für immer weg. Nur ein flächiges Weh war geblieben, welches sich nun in einer trichterartigen Vertiefung meiner rechten Leiste sammelte, um schließlich in einem Wirbel drehend in jenem schwarz-rot pulsierenden Loch zu verschwinden, welches man mir aus diagnostischen Gründen gestochen hatte. Der ICE kam quietschend zum Stehen. Kurz darauf hämmerte es an der Tür des Schlafwagenabteils. Die Schaffnerin, welche mir versprochen hatte, mich an die einzige mögliche Rauchpause auf dem Weg nach Berlin zu erinnern. Sie kam aus Cottbus, war ziemlich hübsch, aber eine Fascho-Torte der übelsten Sorte, wie mir schon kurz nach der Abfahrt aus Basel schlagartig klar geworden war. Ihr dummer Antisemitismus führte zu einem abrupten Abbruch meiner Flirtbereitschaft und ich war froh, mit dieser Dame nur zehn Minuten im gelb markierten Raucherbereich des Bahnsteiges verbringen zu müssen, in welchen ich mich allerdings erst begab, nachdem ich von der Zugbegleiterin in tadelndem Ton dazu aufgefordert wurde, mich »bitteschön« zum Rauchen in die Zone zu stellen. Als hätten die Deutschen nicht schon genug Zonen gehabt. Die Hitzeentwicklung in meiner heiklen Zone hatte sich mittlerweile gelegt und irgendwie fühlte ich mich beruhigt, als ich Stunden später endlich in Berlin-Mitte ankam. Dort hatte ich ein Rendezvous mit meiner geheimnisvollen Beifahrerin im Ägyptischen Museum. Sie schien mich wiederzuerkennen. Ja, ich meinte sogar, den leichten Anflug eines Lächelns auf ihrem königlichen Gesicht zu erahnen.

SUPERGIRL

Es sah aus, als ob sie jeden Moment hätte abzischen wollen. Wie Supergirl als Baby, in ihrem blauen Strampelbody. Als ob ihr jemand Krypton in den Schoppen gemischt hätte. Allein die Gravitation verhinderte den Abflug. Mich haben die vertikal ziehenden Erdkräfte als Baby auch genervt. Deswegen habe ich wahrscheinlich als Jugendlicher so viele Drogen konsumiert und bin eine Zeit lang nur zentrifugal gewachsen.
Für einen kurzen, frustrierten Augenblick huschten alle Charaktere der Commedia dell'Arte über das kleine Gesicht. Sogleich werden die Posaunen von Jericho erschallen und meinen nervlichen Weltuntergang einläuten, wenn nicht umgehend irgendetwas passiert. Sie ist ja ein fröhliches, friedfertiges Kind. Bloß wenn sie in Rage gerät, wird sie unberechenbar. Klar schob ich den Stokke (das Raumschiff Enterprise unter den Kinderwagen) schneller. Beschleunigt von ihren drolligen, nichts desto weniger aber bestimmter werdenden Ausstößen eines A, welche sie in allen Klangvariationen deklamierte.
Man steht so blöd da, wenn es einem als Papi im Coop nicht gelingt, seinen Säugling zu beruhigen. Es fühlen sich alle Muttis befleißigt, gute Tipps zu geben. Das führt bei mir automatisch zum Blutrausch, weil ich alleine weiß, dass plötzliche Kindsunzufriedenheit verschiedene Gründe haben kann. Zum Beispiel Hunger. Diese Möglichkeit fiel aus, weil sie kurz zuvor eine ganze Flasche eingesaugt hatte. Der zweite Grund, vollgesogene Feuchtgebiete, war, da frisch gewickelt, ebenfalls höchst unwahrscheinlich. Das hätte sich bemerkbar gemacht. Bei der anfallenden Masse würde es sich nämlich nicht um »Sahnehäubchen«, wie Charlotte Roche dieses Material in ihren Fickgeschichten beschreibt, sondern um eine veritable Pizza Quattro Formaggi handeln. Bliebe als Grund für den kindlichen Grant nur noch die Langweile. Gegen diese gibt es ein Rezept: Stadtgang, kombiniert mit einigen nicht

unbedingt notwendigen Besorgungen. Sonnencreme, Schoppenwärmer, Lesebrillen. Letztere kaufe ich immer im Dutzend und von der billigsten Sorte. Weil ich mich ohne Brille immer draufsetze. Ein strammer Marsch drängte sich auch auf, weil die große Ausgabe des kleinen Darlings schnippisch fragte, was ich denn nicht gemacht hätte, das Kind sei so überdreht. Unterwegs zur Apotheke wurde ich, kurz bevor das Gör eingeschlummert wäre, im kritischsten Moment von einem alten Bekannten gestoppt, dem ich nicht mehr ausweichen konnte. Ob ich denn Großvater geworden sei und dass das aber ein supermodernes »Wägeli« und dass das Baby aber noch sehr klein sei und dann noch »Guggus-dah dah!«, wobei er mit seinem Zeigefinger in Richtung meiner Tochter zielte. Das brachte Supergirl erneut außer Rand und Band. Soll mich niemand fragen, warum ich mich fünf Monate lang nie gemeldet habe. Endlich in der Apo, kapitulierte ich angesichts des Überangebotes an Babysonnenschutzmitteln. Die Fachfrau konnte mir auch nicht genau sagen, wo es jetzt diese Hormone drin hat, deretwegen den nächsten Generationen angeblich die Verzwitterung und somit der ganzen Menschheit das Aussterben drohe. Stutzig machte mich, dass fast alle Sonnencremes preisreduziert waren. Die werden das Zeug nicht mehr los, dachte ich bei mir, nächste Woche kriege ich zwei Packungen zum Preis von einer. Sonst müssen sie es womöglich irgendwohin exportieren, wo man nicht so viel davon braucht. Zum Beispiel nach Grönland als Sonnenschutz in der Polarnacht. Oder nach Afrika. Die Afrikaner brauchen nicht so hohe Schutzfaktoren wie wir Bleichgesichter. Resigniert verließ ich die Apotheke, verschob den Rest der unnötigen Besorgungen auf ein anderes Mal und beschloss, die alte Sonnencreme fertig aufzubrauchen. Mittlerweile war es Abend und das Kind eingeschlafen. Ich charterte, um blöden Bemerkungen über den Kinderwagen im Bus zu entgehen, ein Großraumtaxi. Weil ich bis heute nicht begriffen habe, wie man diese futuristische Babyschleuder kofferraumgerecht demontiert.

Der falsche Schnauz

Um blöden Bemerkungen über den Kinderwagen zu entgehen, schob ich diesen mitsamt quengelndem Inhalt in Richtung Paul-Klee-Zentrum. Dort hat es kaum Leute und der futuristische Look des Stokke fällt inmitten der Renzo-Piano-Hangars nicht so auf. Von dort aus beschleunigte ich die Babyschleuder wieder, nicht ohne jedoch den Gassenhauer »Adieu, mein kleiner Gardeoffizier ...« von Richard Tauber angestimmt zu haben. Leichte Muse, mit welcher ich hoffte, das Kind wenigstens musikalisch unterhalten zu können. In den Rosengarten, mit knapp fünf Monaten sieht sie ja jetzt schon farbig. Von dort hat man außerdem eine prächtige Aussicht und es gibt einen Sandkasten. Wollte nur überprüfen, ob sie immer noch das hübscheste Baby weit und breit ist. Ist sie auch, obwohl es an diesem Tag wegen der Bise keinerlei Vergleichsmöglichkeiten gab. Da war bloß ein gut gekleideter Herr mit einem aufgeklebten Fasnachtsschnauz, welcher mich irgendwie an Walter Andreas Müller in seiner Rolle als Sämi Schmid erinnerte. Klar schöpfte ich Verdacht, tippte auf Waffenfanatiker. Zumal dieser Mensch offensichtlich im Sandkasten kniend die Panzerschlacht um el-Alamein mit Modellpänzerli nachzuspielen schien. Um die Bedrohung abzuklären, ließ ich den Babyjet, das Geräusch einer landenden F/A-18 imitierend, nach einigen Aufklärungsrunden neben dem Sandkasten landen und wurde vorstellig: »Gestatten, Anaconda, Patrouille Suisse.«
Der gute Mann schien über Humor zu verfügen und salutierte: »Schmid Samuel, Verteidigungsminister, interessantes Wägeli!«
»Ich finde es ja seltsam, dass Sie hier Kriegsspielzeug in einem öffentlichen Sandkasten vergraben ...«, wurde ich offensiv. Das brachte diesen seltsamen Strategen jedoch nicht aus der Ruhe. Das sei bloß eine Überraschung für die Kinder, alles ganz harmlos, die hätten im Generalstab zu viele überflüssige Modellpanzer. Weil ja jetzt die Leopards entsorgt werden müssen.

Frühwehrerziehungstaugliches Spielzeug sei doch viel besser, als wenn die Kleinen mit dem Handy »Seich« machen. Der echte Sämi habe aber einen echten Schnauz, setzte ich nach.

Ja schon, doch die Bartattrappe sei ein Element seiner neuen Kommunikationspolitik, versuchte er sich zu erklären. Dann müsse er aber die alten Tiger-Jets auch verbuddeln, bohrte ich weiter, die seien ja auch nur noch Schrott. Nein, nein, die könne er wenigstens ab und zu den Österreichern vermieten und müsse sie nicht selber wegschmeißen, entgegnete der angebliche Sämi schleppend. Außerdem seien alte Flieger immer noch besser als keine. In der Luft seien die Wehrmänner wenigstens vor seinen durchgeknallten Unteroffizieren sicher. Er hätte sich den Schnauz ja nur rasiert, um undercover den aufsässigen Journalistenfragen bezüglich seines smselnden Armeechefs zu entkommen. Um nicht etwa im »Vergääs« militärische Geheimnisse auszuplaudern, von denen er noch gar nichts wisse. Trotz Rasur sei er jedoch erkannt worden, deswegen die falsche Lippenzier. Jetzt glaube ihm niemand mehr, dass er der echte Sämi Schmid ist, jeder halte ihn für einen armen Irren. Wir hätten wohl noch eine Weile so weiterdiskutiert, wären wir nicht von einer Gruppe Reformpädagogen verbal attackiert worden. Was uns einfalle, Kriegsspielzeug auf einen öffentlichen Spielplatz mitzunehmen. Mit bösen Blicken auf die Pänzerli und den Stokke mit dem schlafenden Baby drin.

50+

»Die Gedanken sind frei …« summte ich sanft, um ihre rebellische Laune etwas zu entspannen. Ich schob den Kinderwagen mit dem Baby, welches mit seinem roten Jakobinermützchen allerliebst anzuschauen war, Richtung Bundesplatz, um das Wasserspiel zu betrachten. Das soll ja sehr beruhigen.
In Bern boomt der Bau von Seniorenresidenzen. Zielpublikum 50+, las ich auf einer Infotafel. Das dämpfte meine Stimmung, während die Kleine ihre Händchen zu Fäustchen ballte und frühchinesisch klingende Kommandos trompetete. Eine kleine revolutionäre Baby-Pekingoper. Auf der großen Schanze traf ich dann auf einen alten Bekannten. Aus der Schar der ehemals studentischen und allmählich ins Rentenalter hinüberdämmernden neuen Linken. Ein Kampfgeher in Cargohosen, der seinen senilen, stocksteifen, aber immer noch kläffenden Kleinhund über den Rasen schleifte und mir zum Großkind gratulierte. Ich sei ihr Papi und nicht ihr Opa, knurrte ich zurück und schob beruhigend den Zeigefinger in den Babywagen, wo die Lage zu eskalierten drohte. Schon recht mutig, in meinem Alter noch Kinder in die Welt zu setzen, provozierte der Hündeler weiter. Ob er denn je einen Mann beim Gebären beobachtet habe, bellte ich zurück, während der Köter anfing zu knurren. Jetzt war das Baby glockenwach. Ich solle der Kleinen doch »Schöppeli gäh«, die habe Hunger, schulmeisterte er. Diese sturen Schoppenzeiten seien doch total autoritär. Das führe bloß zu schlechten Schulnoten, das habe er in der Zeitung gelesen.
»Blödsinn, die weint wegen HarmoS!«, entfuhr es mir. »So ein halbtotes Hunderl macht immer noch mehr Arbeit und Dreck als ein kleines Kind!« Dem armen Tier sei ja schon von Weitem anzusehen, dass es lebensmüde ist! Ob er denn noch nie etwas von »Dognitas« gehört habe? Dann wendete ich mich dem Kinde zu: »Guguseli …, wir beide haben einen Generationenvertrag, gell? Ich fahr dich mit

dem Stokke durch die Landschaft und du zahlst dann später auch brav deine Rentenbeiträge, damit es der Papi einmal schön hat«.
Sie schob ihr bebendes Unterlippchen bogenförmig über das oben liegende Gegenüber, dann kam dieser herzzerreißende Protest. Wir verließen fluchtartig, den Hundehalter stehen lassend, die Parkanlage. Ich sah schon einen Generationenkonflikt heraufdämmern, ahnte, dass meine Rentenbezüge dereinst zu mickrig sein dürften, um meinen Lebensabend durch den Bezug einer Altersresidenz adeln zu können. Wahrscheinlich lande ich im Heim und kann mir nicht einmal ein Ticket für ein Madonna-Konzert leisten, Babyboom hin oder her. Dabei kann man heute mit Anti-Aging bis ins hohe Alter fit bleiben. Außerdem wird jetzt noch an einem Viagra für Frauen gebastelt. Dann wird es in den Altersresidenzen zugehen wie beim Oswald Kolle. Sex, bis die Hörapparate pfeifen. Vielleicht fordert die SVP nur deswegen die steuerfreie AHV-Rente, weil die Krankenkassen die Potenzpillen nicht zahlen wollen. Heutzutage ist man noch lange nicht zu alt. Das scheint sich auch Christoph Blocher zu seinem nahenden Wiegenfest zu sagen. Der wird jetzt doch tatsächlich noch zum 68er. Rüstig und leicht altersstur, wie er ist, droht er, sich um einen Teilzeitjob im Bundeshaus zu bewerben. Obwohl er doch schon in einem fürstlichen Alterssitz residiert. Er will den Halbtagsjob von Sämi Schmid, seinem ehemals »halben« Bundesratskollegen. Dann hätte er auch endlich Zeit, seine liegen gebliebenen Dossiers aufzuarbeiten.

WAHRSCHEINLICH IST SOGAR DIE REGIERUNG LEICHT EMO

Da denkt man sich immer, was man alles machen will, wenn das Kind bei der Oma ist, und macht dann fast nichts. Nur Rauchen und *Das Magazin* vom letzten Wochenende lesen. Die Reportage über Emos: jugendliche, *Les Fleurs du Mal* lesende, sich selbst verstümmelnde, wehrlose, romantische Heulsusen in Schwarz. Die Börsenkurse fallen wie reife Birnen und die Aktionäre verstehen ihre Welt nicht mehr. Wen wundert's, dass die Kids depressiv sind und Trost in schwermütiger Poesie und der Nestwärme ihrer Clique suchen. Am liebsten würde ich auch, die Augen schwarz umrandet, damit die Augenringe besser zur Geltung kommen, in voller Lautstärke Tokio Hotel auflegen und unter Tränen die Wohnung fliehen. Um mich von den Nachbarn mit Obst bombardieren zu lassen. Ich mag die Emos zwar auch nicht, aber immer noch besser, die googeln sich Baudelaire und Rimbaud herunter, als dass sie Rambo spielen. Weil es unsere Armee in dieser Form wahrscheinlich nicht mehr lange geben wird, wenn alle auf ihr herumhacken. Die Hobbykrieger würden womöglich ihre eigenen Armeen gründen. Im Ernstfall könnten wir uns nur noch weinend in die Arme nehmen und dazu die traurigsten Verse von Georg Trakl rezitieren. Wenn ich an mein Alterskapital denke, dann möchte ich auch in die Arme genommen werden und weinen, bloß fehlte mir schon immer eine Clique. Manchmal fühle ich mich selber wie eine nur aus mir selbst bestehende, unverstandene Jugendkultur. Ich war zwar Mod, Hippie und Punk, das Outfit war mir aber nie so wichtig. Deswegen kam ich als Punk auch nicht so gut rüber. Ich hatte nämlich meinen Irokesenkamm quer statt längs. Auch die obligatorische No-Future-Lederjacke hatte ich nicht. Nur einen gummierten Töffmantel, darunter nichts. Anstatt in stinkigen Doc-Martens-Stiefeln schwebte ich Monte-Verità-mäßig mit Birkenstock-Sandalen durch das alternative Jugendzentrum. Als Körperschmuck hatte ich mir ein verkohltes Toastbrot um den Hals gehängt. Niemand hatte mich damals verstanden. Aber während ich stets das Establishment erschüttern wollte, reicht den heutigen Kids offenbar die Selbsterschütterung. Wahrscheinlich ist sogar unsere Regierung leicht emo. Der Finanzminister liegt im Koma. Die Justizministerin, die seine Geschäfte weiterführen soll, gehört zwar zu keiner Clique und wird trotzdem nur abgeklatscht. Auch der Bundespräsident scheint zu leiden. Weil man den Teilchenbeschleuniger runterbremsen musste. Nicht einmal einen anständigen Weltuntergang bringt man zustande. Der wehrlose Verteidigungsminister und Evelyne Widmer-Schlumpf müssen sich demütigen lassen, sind aber deswegen noch keine echten Emos, weil sie keine eigene Fraktion haben. Micheline Calmy-Rey entspricht schon äußerlich mit ihrer Haartracht einem Vollbild-Emo. Palästinensertuch trägt sie zwar keines, dafür aber ab und zu einen leichten Schleier. Wahrscheinlich als Zeichen emotionaler Anteilnahme mit den leidenden Frauen des Orients. Reden will sie auch mit allen, sogar mit Osama bin Laden, bloß will der gar nicht. Die Krankenkassenprämien steigen, weil alle depressiv sind, und die Stromproduzenten sorgen mit ihrer Preispolitik dafür, dass wenigstens ein bisschen mehr zur Stimmung passende Düsternis über uns kommen möge. Moritz Leuenberger wird sicher mit ihnen darüber reden wollen. Nur Nesthäkchen Doris Leuthard zeigt noch keine Anzeichen seelischer Verstimmung.

Nichtraucher schauen

Jüngst beklagte sich ein befreundeter Barista über meine lange Abwesenheit. Seit sein Tresen rauchfrei sei, sehe er mich nur noch vor dem Lokal. Drinnen warte aber immer noch eine angebrochene Flasche Four Roses auf mich, so etwas würde sonst niemand trinken. Mich wunderte, warum er sich freiwillig dem Durchzug aussetzte. Jetzt, wo er doch nicht mehr raucht. Das ist wohl so eine Art Reflex auf den Nikotinentzug. Seine Bar sei doch jetzt rauchfrei, meinte er, und ich könne mit der Kleinen im Kinderwagen ruhig reinkommen. Ich nehme meinen Doppio lieber draußen und rauche. Auch wenn mir die Bise in die Frise fährt und ich mir mit der Parisienne Löcher in den Burberry brenne. Das dachte ich mir zwischen dem ersten und dem zweiten Schluck Espresso. Ich versuchte hinter dem aufgeschlagenen Mantelkragen eine Zigarette anzuzünden und wurde dabei von all den frischgebackenen Muttis und Vatis durch die Fensterscheiben beobachtet. Seitdem sie anstatt des Näschens nur mehr Bébéfüdi pudern, nicht mehr saufen, rumhängen und dauernd auf Aufriss sind, sind sie einfach unerträglich. Fast so ätzend wie ich selbst.

Die haben sogar alle aufgehört, auf dem Balkon zu rauchen. Seitdem verbarrikadieren sie mit ihren Offroadkinderwägen meine allesamt rauchfrei gewordenen Lieblingsspelunken. Sodass ich sogar mit dem Stokke keinen Parkplatz an der Theke mehr finde. Sie sitzen bis zehn Uhr abends vor ihrem Latte macchiato, rennen alle Viertelstunde raus und vergessen dann warum. Dabei schreien deren Babys andauernd und meines schreit nicht. Das brabbelt nur so dadaistisch vor sich hin und ist völlig zufrieden. Wahrscheinlich wegen der frischen Luft. So ein kleiner Spaziergang fördert die Abwehrkraft des Immunsystems und gibt rote Bäckchen. Im Unterschied zum Aufenthalt in einem überheizten Nichtraucherrestaurant. Dabei tun sie so, als wäre es Frühling und würden mit ihren armen Babys auf der Piazza Navona in Rom sitzen. Viel zu warm angezogen. Vier Schichten und dann noch in das Monstrum von Daunenjacke gestopft. Die Ärmsten können ja nicht einmal ihre Ärmchen bewegen, geschweige denn »Papp!« sagen. Völlig bewegungslos, kurz vor dem Hitzekollaps. Nimmt mich schon wunder, wo diese Nichtraucher jetzt ihre vollgerotzten Nasenlumpen und ausgelutschten Nicorette-Kaugummis deponieren, wo doch alle Aschenbecher weg sind. Ob ich mich denn als rauchender Vater nicht ausgegrenzt fühlen würde, fragte der fröstelnde Gastronom mit leicht kritischem Unterton. Mich sehe man ja gar nicht mehr. Zum Glück gäbe es ja noch die Presse. Da könne er jeweils nachlesen, was ich schon wieder alles angestellt hätte.

Er solle doch bitte seine Lautstärke ein bisschen drosseln, das Kindlein sei drum grad eingeschlafen, sagte ich zu ihm. Ich hätte schon darüber nachgedacht, bei mir am Balkon eine Webcam zu installieren. Aus Mitleid mit den Fans, welche mich während der Ausübung meiner Nikotinsucht nicht mehr öffentlich beobachten können, aber doch weiter über das Fortschreiten meines körperlichen Verfalls online informiert sein möchten.

Also ihm persönlich würde es schon allein Mühe bereiten, sich jeden Monat in einem Lifestyle-Magazin preiszugeben. Und dann noch mit so einem Foto wie im letzten *Faces*. Ich hätte ja ausgesehen wie eine Wasserleiche.

Wenn man eine Zigarette vor dem Adrianos rauche, sei man mittlerweile öffentlicher, als wenn man auf der Titelseite der *Vogue* abgebildet sei, antwortete ich. Dabei sei es ja nicht so, dass seine Gäste mich, sondern ich diese beobachten würde, entgegnete ich ihm. Ich sei mit der Kleinen nur ein wenig Nichtraucher schauen gegangen. Das sei für sie fast so beruhigend wie das Aquarium im Tierpark Dählhölzli. Dabei machte ich eine deutliche Geste in Richtung seiner hinter der Fensterscheibe fade lauernden Gästeschar.

Schon eine Kopfnuss täte gut

»Wer reitet so spät durch Nacht und Wind, es ist der Vater mit seinem Kind ...«, ging mir Goethe durch den Sinn. Der Wind rüttelte am Verdeck des Kinderwagens und trieb uns schneller als geplant aus dem Dählhölzli nach Hause. Auf dem Weg zum Auto kamen wir an einer *20minuten*-Zeitungsbox vorbei, auf der ein kleiner Bub saß und jämmerlich heulte: »Papi, abe, bitte! Papi blöd, abe! Wääh!« Der Vater starrte bloß mit blutunterlaufenen Augen einen Kanaldeckel an. Ein Lehrer mit Burnout-Syndrom? Oder gar ein Fotoshooting für ein Anti-HarmoS-Plakat? Ich ließ den plärrenden Bengel auf der Kiste sitzen und beschleunigte. Ist das nun diese »heitere Strenge«, welche sich neuerdings, laut *20minuten*, eine Mehrheit anstelle der HarmoS-Reformen wünscht? Stellt sich die Frage, warum sich das Volk plötzlich nach Bestrafung sehnt? Viele Leute scheinen das Gefühl zu haben, dass ihnen in ihrer Kindheit etwas gefehlt haben muss. Dass sie es im Leben vielleicht weiter gebracht hätten, wenn sie auch ab und zu eine Tracht Prügel kassiert oder wenigstens hundertmal den *Erlkönig* hätten abschreiben müssen. Schon eine Kopfnuss oder eine Runde in der Hocke um den Fußballplatz täte gut. Wenn die Lehrer hin und wieder zulangen dürften, gäbe es vielleicht auch weniger Abgänge im Lehrkörper. Zudem ist die Reform vielen einfach zu teuer. Just im Moment des Börsenbankrottes. Das sagt sich wohl auch die economiesuisse. Die sind zwar für HarmoS, wollen aber nichts zahlen. Man könnte die Problemkinder aber auch einfach outsourcen. Nach Österreich, da geht es jetzt schon viel strenger zu und die dortige katholische Kirche praktiziert schon seit jeher Zucht, Strenge und Ordnung und hat außerdem einige ausgesprochene Spezialisten in puncto Kuschelpädagogik in ihrer Mitte. Man könnte die Volkserziehung aus Kostengründen aber auch dem VBS unterstellen. Das wäre vielleicht doch noch ein Vollzeitjob für Christoph Blocher. Unsere Soldaten müssten nicht mehr dauernd überflüssige Panzer herunterpetrolen und zuschauen, wie unsere Armee von allen Seiten systematisch demoliert wird, sondern hätten etwas Sinnvolles zu tun. Die könnten Bootcamps organisieren, abgehärtet sind die Kids ja schon von ihren Straßengangs, die bräuchten eigentlich nur noch eine Uniform. Während die Kinder dann draußen heiter mit den Emos Völkerball spielen würden, könnte Christoph Blocher derweil aufräumen. Obwohl es ja dem alt Bundesrat in letzter Zeit sowohl an Heiterkeit wie auch der nötigen Strenge mangelt. Das mag als VBS-Bundesrat noch angehen, aber die Art und Weise, wie er seiner Partei die Zügel schleifen lässt, rückt ihn doch eher in die Nähe der Reformpädagogen. Sein Bruder, die Blochervariante ohne Stoßdämpfer, wäre für die nötige Strenge schon eher geeignet und würde sicherlich der natürlichen Auslese in den Schulen endlich zum Durchbruch verhelfen, weil es schließlich ja auch noch Leute braucht, welche für ein geringes Entgelt Referendumsunterschriften sammeln müssen. Christoph Mörgeli mit seinem Wissensschatz als Medizinhistoriker könnte Gerhard bezüglich geeigneter Lehrmittel sicher kompetent beraten.

Erst, nachdem ich meine kostbare Fracht sorgsam, um sie nicht zu wecken, in ihrem Autositzchen angeschnallt hatte, unterbrach ich meine polemische Gedankenfolge und sah später im Vorbeifahren, wie Vater und Sohn mit gesenkten Köpfen, aber friedlich heimwärts trotteten.

JEDES MAL WIRD DIE KLEINE WACH

Die Laubgebläseartillerie wirbelte pulverisierte Hundescheiße auf. Der kaltblaue Himmel kontrastierte die in allen Rot- und Gelbtönen brennenden Bäume auf malerische Art und Weise. Jedoch tönte und qualmte es wie bei einem Motocrossrennen. Wenn man nicht aufpasst, füllen einem diese Feinstaubrocker noch den Kinderwagen. Dessen Windschutz wirkt ja, falls man von hinten angeföhnt wird, wie ein Trichter. Dann doch lieber die Altstadt rauf und runter, trotz der holperigen Pflasterung. Bis heute weiß ich nicht, ob diese Schüttelbewegung auf Babys emotional aufrüttelnd oder aber wellnessmäßig entkrampfend einwirkt. Im Schutz des Sandsteins – mag er auch manchmal bedrückend und düster wirken – wird man wenigstens nicht mit trockenem Kot sandgestrahlt. Ich kann Coffee to go trinken und im Gehen ab und zu einen Blick in die alten Zeitungen werfen, die seit Tagen neben Windeln, Feuchttüechli etc. ungelesen meinen Rucksack beschweren. Zu mehr als Überschrift und Titelbild reichte es nicht, meine Lesebrille ist verschollen. Einem kleinformatigen Blatt entnahm ich, dass Kärnten um Jörg Haider trauert. Bis zum Schluss hätte ich ihm nie eine verletzliche Seite zugetraut. Jetzt gilt er im Landstrich rund um den Wörthersee schon als eine Art König Ludwig von Bayern, eine Lady Di der Karawanken. Nun, wo er weg ist, vermissen ihn plötzlich alle. Sogar jene, welche er vorher als eine Art politische Lodendomina gnadenlos öffentlich abzuwatschen pflegte. Ungeklärt ist immer noch, warum er mit hundertvierzig Stundenkilometern rechts überholte. Wollte er am Ende eine slowenische Ortstafel rammen? Noch bevor ich mich mangels Brille weiter in diese Klagenfurter Soap-Opera vertiefen konnte, erwachte das Kind. Ein lang gezogenes Klagelied anstimmend, welches mich an die traurige Kärntner Heimatweise »Oh du mei Rosenthal« erinnerte, von welcher übrigens auch eine slowenische Version gesungen wird.

Diese steht in puncto Selbsterschütterung der deutschkärntner Version in nichts nach.
Das Kind hat musikalische Intuition. Vielleicht liegt es daran, dass auch die Kleine einen Schuss Karawankenblut in ihren Adern hat, sogar slowenisches. Ich zeigte ihr das Portrait vom Jörgl, der mich, ich weiß nicht warum, immer ein wenig an Dieter Bohlen erinnerte. Sie grinste. Machte sie das nun aus Sympathie oder aus Freude? Kinder sind da manchmal verletzend ehrlich. Nur als Erwachsener weiß man, Gevatter Tod macht am Ende alles gleich. Wie im Hobellied in Ferdinand Raimunds *Der Verschwender*:

Da streiten sich die Leut' herum,
oft um den Wert des Glücks,
der eine heißt den andern dumm,
am End' weiß keiner nix.

Hernach beäugte ich eine verschwommene Titelseite mit beängstigend euphorisierten Finanzakteuren.
So etwas sieht man doch sonst nur bei »MusicStar« oder »Supermodel«. Dabei schienen die Finanzler gestern noch akut suizidgefährdet. Ingrid Deltenre sollte ein Format draus machen, das wäre gut für die Quote und man könnte damit Sozialpläne für verarmte Aktionäre finanzieren. Wegen meiner Kurzsichtigkeit konnte ich allerdings nicht herausfinden, was der Grund für diesen irren Freudenausbruch an der Börse sein könnte. Die allgemeine Weltrettung oder die Vorfreude auf den bevorstehenden Weltspartag am 31. Oktober?
Bei all dem Weltgetue bin ich froh, ist doch wenigstens die heimische Finanzwelt gerettet. Für achtundsechzig Milliarden Franken, pro Einwohner also gut neuntausend Franken. Was tut man nicht alles, wenn man helfen kann. Aus Neugierde hielt ich der Kleinen das Bild von der Wallstreetparty vor die Nase. Sie fing an zu strampeln, als ob sie sogleich abheben wollte.

YOU ARE NOT ALONE

Als ich sie das letzte Mal ohne Handy sah, schmunzelte sie noch über meine Witze, obwohl ich kein großer Witzeerzähler bin. Genau genommen kenne ich ja bloß drei Witze: zwei über Blondinen, bei denen ich regelmäßig die Pointen vergesse, und einen ziemlich guten über George W. Bush. Letzteren gab ich zum Besten, bevor sie nach und nach in der Telefonwarteschlaufe jenes Anbieters mit dem seltsamen Logo (es erinnert mich an die mittlerweile gottlob aus der Mode gekommenen Arschgeweihe) verschwand. Über Tage hinweg hatte sie erfolglos versucht, ihren Wireless-Anschluss auf ihre neue Adresse umzumelden, weil wir über das Internet live dabei sein wollten, als in den USA der erste Afroamerikaner Präsident werden sollte. Außerdem fand sie, der Netzzugang sei in Anbetracht unserer galoppierenden Finanzkrise nötig, um sich gegebenenfalls jederzeit online den günstigsten Anbieter suchen zu können. Dem hatte ich, eher analog veranlagt und an der Materie völlig uninteressiert, nichts entgegenzusetzen. Ich verstehe von alldem nichts und lebe noch immer im Telekommunikationsbewusstsein jener Zeit, als Telefonrundspruch, Fax und Wandtelefon völlig ausreichten, um nah dranzubleiben. Im Störfall kam ein PTT-Techniker vorbei und reparierte, entkeimte und polierte die Apparate mit Sprit und einem Lümpli und alles war wieder in Butter. Deswegen überließ ich ihr das mit dem Internet und widmete mich zwischenzeitlich dem Baby, welches gerade unter seltsamsten Verrenkungen geräuschvoll seine Morgenpizza in die Pampers gepresst hatte. Deren Inhalt und Geruch hatte mich nach der Umstellung auf die Folgemilch nicht mehr an Riz Casimir erinnert, sondern sich hinsichtlich des Aromas in eine eher rustikale Richtung entwickelt. Bisher war das allmorgendliche Spektakel stets ein Anlass kollektiver Erheiterung gewesen. Doch dieses Mal schien sie, sonst die aufmerksamste Mutter der Welt, völlig uninteressiert an der dampfenden, leicht grünlich schillernden

Bescherung. Sie lief bloß nervös, offenbar noch immer in der Schlaufe auf Servicekontakt hoffend, in der Küche auf und ab. In der einen Hand eine Kaffeetasse, in der anderen ein Wurstbrot, das Handy zwischen Schulter und Ohr geklemmt. Mit grimmiger Miene und offenbar wild entschlossen, diesmal nicht wieder nach zwanzig Minuten die Flinte ins Korn zu werfen. Instinktiv spürte ich, dass in diesem Moment Kommunikation nicht mehr möglich war. Ich verabschiedete mich, um sie nicht zu stören, mit einem hingehauchten Kuss auf die freie Backe und ging mit der Kleinen spazieren.

»Bitte haben Sie noch etwas Geduld ...«, quäkte es blechern aus ihrem Handy. Mit diesem Satz pflegt der Anbieter in regelmäßigen Abständen sein musikalisches Kuschelprogramm aufzulockern. Als ich nach einer Stunde mit dem schlafenden, gut gelüfteten Kind zurückkehrte, hing sie mit flackerndem Blick, nervös an ihren Fingernägeln knabbernd und mit allen Anzeichen tiefer Erschöpfung, im Lederfauteuil. Dabei watschelte sie unwirsch mit der freien Hand, als ob sie mich verscheuchen wollte. Offenbar wartete sie noch immer auf einen frei werdenden Agenten, derweil sie vom Anbieter mit Michael Jacksons »You are not alone« ruhiggestellt wurde. Ich sorgte mich um ihren Geisteszustand und war schließlich froh, als sie mit der Kleinen schlafen ging. Den Wahlsieg Barack Obamas musste ich in der folgenden Nacht alleine vor dem TV feiern. Alles wird gut. Als Erstes müssen wir den Provider wechseln und dann die Welt aufräumen.

Zieh dich warm an, Baby, es wird kalt

Bei mir stapeln sich die Fehlkäufe. Sie ist viel stilsicherer als ich und irrt sich, weil sie Shoppen hasst, höchstens in der Größe. Der luftige Kaschmirpullover wäre perfekt, nur eine Nummer zu groß, meinte sie. Dabei mag ich es so, wenn sie zu große Pullis trägt. Da muss ich mir nicht immer den Vorwurf anhören, dass ich ihre Sachen ausweite. Ihr zuliebe schnappte ich das Teil, den Kassenzettel und das Kind. Im Bus schläft es immer so brav ein. So kam ich wenigstens raus und konnte mir über meine Winterkopfbedeckung Gedanken machen. Diese Problematik beschäftigte mich schon seit Wochen. Man trägt wieder Hut, alles müssen die einem nachmachen. Ich habe bemerkt, dass viele Leute jetzt ihre Baseballfleischkappen durch kurzkrempige Hüte ersetzen und dann aussehen wie Billy Mo, als er seinerzeit mit seinem Gassenhauer »Ich kauf mir lieber einen Tirolerhut« die Hitparade stürmte.
Mittlerweile fällt es mir ohne Brille schwer, die Hip-Hopper von den Rentnern zu unterscheiden. Mir schien für mich eher etwas Pelziges passend, erinnerte sie mich doch, wenn sie in feinstes Kaschmir gehüllt war, stets an Julie Christie in der Rolle der Lara im Film *Doktor Schiwago*. Als ich dann die Pelzkappe tatsächlich im Brockenhaus fand, meinte ich, von Weitem das alte Lied der Taiga zu hören. Das gute Stück musste Ivan Rebroff, Erich Honegger oder seiner Frau gehört haben. Der Rest war einfach. Die noble Strickware in der gewünschten Größe gab es leider nicht mehr. So tauschte ich das edle Stück gegen ein anderes. Eine Nummer kleiner, in vergleichbarer Qualität, aber mit einer babuschkamäßigen Musterung, passend zu meiner Russenkappe. Das machte ich gerne für sie und war froh, endlich wieder aus dem Laden hinauszukommen, weil mir das Fell am Kopf allmählich zu warm wurde. Was mir allerdings egal war, als ein mir entfernt bekannter Neuhutträger blöd grinste, als er mich, von Wallungen aufgeheizt, mit der Nerzmütze herumtorkeln sah. Nur wenn man auf Bekannte trifft,

wird es manchmal eng. Wie dann auf der Rückfahrt, als Cheyenne, eine mir bekannte Heilerin, Schamanin und Pferdenärrin, im Bus neben uns zu stehen kam. Obwohl der Platz, gut ausgeschildert, für Kinderwagen und Rollstuhlfahrer reserviert war. Das regt mich jedes Mal auf. Prompt erkannte sie mich.

»Endoo, ist die echt!?«, hob sie an, die Endsilbe meines Namens vorwurfsvoll zerdehnend und mit ihrem rechten Zeigefinger auf meine haarige Kopfbedeckung zielend. Ob ich denn einem Nerz guten Gewissens in die Augen schauen könnte, während ihm bei lebendigem Leib das Fell über die Ohren gezogen wird, moralte sie. »Die ist secondhand, wahrscheinlich aus Chinakatze oder gar ein Imitat …«, versuchte ich die Situation zu entschärfen, » … könnte von deiner Oma sein!«

»Trotzdem, dieses Leiden …«, meinte sie und senkte ihren traurigen Blick zum schlafenden Kind. Dann einige Sekunden Stille, Betroffenheitsschweigen.

»Meitschi oder Bueb?«, hörte sie nicht auf und ließ ihre Hand, als ob sie segnen wollte, über dem Kinderwagen schweben. »Alles schon da, es weiß, versteht und spürt alles …«, sprach sie mit einer von uraltem Geheimwissen durchorgelten Miene.

Bei dieser Gelegenheit bemerkte ich, dass sie ihre Löwenmähne zu einer Zopffrisur à la Julia Timoschenko aufgetürmt hatte. Was sie jedoch nicht daran hinderte, weiterhin mit leicht geneigtem Kopf ihre bloß noch imaginär frei fallende Haarpracht mit einer anmutig trotzigen, aber sinnlosen Geste ruckartig nach hinten zu werfen. Dann fiel ihr Blick auf den Kaschmirpulli, welchen sie ausnehmend hübsch fand. Mit irrem Blick, wie Maria Schell in *Die Brüder Karamasow,* strich sie zärtlich über die feine Wolle, als ob sie einer fernen Balalaika lauschen würde. Zum Glück konnten wir bald aussteigen. Zu Hause kam der neue Russenlook übrigens überhaupt nicht gut an, obwohl die Temperaturen fallen.

Auf den Hund gekommen

Renzo Blumenthal fährt das gleiche Kinderwagenmodell wie ich, entnahm ich der Boulevardpresse, während ich dem Kinde, behütet mit der Pelzmütze aus dem Brockenhaus, auf einer Parkbank sitzend, dass russische Volkslied »Kalinka Malinka« vorträllerte. Sicher überlegen sich Blumenthals ebenfalls die Anschaffung eines Hundelis für das Kind. Sie lägen damit voll im Trend. Im Moment scheint aber vor allem die Politik auf den Hund gekommen zu sein. Barack Obama hat sich einen First Dog zugelegt, Sämi Schmid kriegt auch einen. Soll ja sehr gesund sein, weil so ein Tier bei jedem Wetter zur Bewegung an der frischen Luft animiert. Vielleicht sollte man allen Bundesräten obligatorisch einen Hund zuteilen. Dann hätten sie einen echten Freund und wären den Anforderungen ihres Amtes psychisch besser gewachsen. Zu Hans-Rudolf Merz zum Beispiel würde am besten ein Golden Retriever passen. Als Erinnerung an die voreilig verscherbelten Goldreserven der Nationalbank.

Ein Chihuahua hingegen wäre praktisch für Frau Widmer-Schlumpf. Dieser herzige Minihund ist so kompakt, dass man zu dessen Entleerung nicht allzu weit laufen muss. Dazu würde ihr ohnehin die Zeit fehlen, bei all den liegen gebliebenen Dossiers aus der Ära Blocher. Diesem wäre sicher, um die schwarzen von den weißen Schafen fernzuhalten, mit einem Schäferhund gedient. Dies, obwohl zu seiner Physiognomie doch eher ein Karpfen passen würde. Ein Karpfen ist zwar kein Hund, aber Blocher ist ja auch kein Bundesrat. Politisch schwimmt er sowieso und wenn er nächstens bei der BR-Wahl baden geht – mit einem Fisch müsste er wenigstens nicht Gassi gehen.

Micheline Calmy-Rey ist eher ein Katzentyp. Ich würde ihr ein Perserkätzchen ans Herz legen. Falls es Ueli Maurer je in den Bundesrat schaffen sollte, würde ich ihm einen Haschhund zur Seite stellen. Der könnte ihn warnen, sollten ihm die netten Linken wieder einmal Hanfstauden ins Vorgärtchen setzen. Doch während ich, russische Volksweisen summend, allen amtierenden und potenziellen Bundesräten die passenden Haustiere zuordnete, wurde ich zum Vergnügen des Babys von einem apricotfarbenen, kläffenden Zwergpudel aus meinen Betrachtungen gerissen.

»So eine Nerzmütze hatte ich auch, bevor ich sie wegen der aggressiven Tierschützer ins Brockenhaus bringen musste«, suchte die zum Pudel gehörende ältere Dame das Gespräch. »Ist bloß Kunstpelz, ich bin im Tierschutzverein«, log ich, »wie heißt denn der Kleine?«

»Fritzi von Rammelsberg«, antwortete sie nicht ohne Stolz, während der Pudel schon knurrend an meinen Hosenbeinen zerrte. Diese waren fast neu und frisch aus der Reinigung. Hernach schickte sich dieser rosafarbene Mephistopheles auch noch an, seine Triebhaftigkeit an meinem rechten Schienbein abzureagieren. Das Kind fand das lustig. Mit einem Tritt versuchte ich das Vieh abzuschütteln. Mit dem Resultat, dass sich jenes sofort umso hitziger mein linkes Schienbein vornahm. Verzweifelt riss ich mir die Pelzkappe vom Kopf und schleuderte diese, »Fass Fritzi!« rufend, weit von mir. Danach entschloss ich mich, baren Hauptes, den Kinderwagen vor mich herschiebend, zur Flucht.

»Ich habe sie am Kinderwagen erkannt, Sie sind Renzo Blumenthal!«, rief mir die Hundehalterin hinterher.

»Stimmt nicht, ich bin gegen Blocher!«, schrie ich zurück und sah nur noch, wie Fritzi von Rammelsberg meine Kosakenmütze deckte. Vielleicht kaufen wir doch besser eine Meersau.

Der kühle Hauch der Globalisierung

Sechs Löffel Bimbosan auf 180 ml warmes Wasser, zuschrauben, kräftig schütteln, anstatt zu rühren, und das Zwerglein ist zufrieden. Jedenfalls bis zum Zwischengorpsi, welches dann meistens in erstaunlich tiefer Tonlage aus dem Inneren ihres, im Vergleich zu meiner eigenen Physis, winzigen Körperchens grollt. Danach den Rest geben, die Kleine, sanft in den Knien wippend, herumtragen und dazu einen beruhigenden Gassenhauer summen. Dann ab in die Heia, bis Omi kommt.
Manchmal strecke ich mir den Rest des Schoppens mit 4 cl Jim Beam, gebe zwei Eiswürfel dazu, schüttle das Ganze und voilà: Fertig ist der Jimbimbo. Der Starter für den lang ersehnten Ausgang. Sollte man diesen Cocktail nicht runterkriegen, bitte sofort entsorgen, wegen der Verwechslungsgefahr. Omis Tochter und ich hatten bei der Planung des Abends dem Spargedanken Rechnung getragen und uns auf einen Dürüm verabredet. Das Kind in guten Händen wissend, machte ich mich über die Kirchenfeldbrücke Richtung Altstadt davon. Der Mantel aufgeblasen von einer eiskalten Krisenbise, welche mich vorwärtsschob. Der Blick auf unser Bundeshaus erfüllte mich plötzlich, trotz der schwierigen Zeiten, mit Zuversicht. Wenn man doch nicht alles so verbissen sehen würde. Die Volksvertreter könnten ihre Tätigkeit zum Zwecke der Psychohygiene doch ab und zu mit ein wenig neckischem Treiben auflockern. Wie Angela Merkel und Silvio Berlusconi. Letzterer hat sich, obschon x-mal nachgespannt, seine spitzbübische Art bis ins hohe Alter bewahren können. Wer würde es unseren Politikern krummnehmen, wenn sie ab und zu einmal, Fangen spielend und sich gegenseitig auf die Backe stempelnd, ausgelassen und prustend wie Pennäler am Maturaball durch die Wandelhalle im Bundeshaus toben würden. Vielleicht ist ja diese Finanzkrise auch nur so eine Art Globalisierungsgorpsi. Nur Luft. Nullen, die entweichen mussten, damit der Rest im Magen bleibt. Wichtig

ist ja das nährende Pulver und nicht der Volumen vortäuschende, blähende Schaum, übte ich mich in der politischen Metapher.

Ich hatte das Ende der Brücke erreicht, als ich von Weitem ein mir höchst beunruhigendes Hecheln vernahm. Es stammte von einem Zwergpudel, welcher mir jüngst im Rosengarten die Hosen versaut hatte. Frauchen hatte mich auch erkannt und winkte aufgeregt. Um einer weiteren Sexattacke zu entfliehen, tat ich so, als hätte ich sie nicht bemerkt und bog ins Bellevue ab. Dort lassen sich Krisen am besten aushalten. Schön, brauchte es bloß ein kurzes SMS, um für diesen Abend dem Spargedanken abzuschwören und stattdessen ein kleines Konjunkturförderungsprogramm für zwei steigen zu lassen. Spätestens beim Filet spürten wir die Gewissheit, volkswirtschaftlich gesehen richtig gehandelt zu haben. Obwohl uns dann später, bei Kerzenlicht, doch noch der kühle Hauch der Globalisierung einholte. Als der Pianist, schalkhaft zu uns herüberzwinkernd, »Commandante Che Guevara« intonierte. Dieses Lied macht mich sentimental. Wie Celine Dions Stimme, wenn die Titanic in die Tiefe fährt. Beim Abschied wurden wir vom Concierge gestoppt. Es sei eine Pelzmütze für einen gewissen Herrn Renzo abgegeben worden. Aufgrund der Beschreibung nehme er aber an, dass es sich um meine Person handeln müsse. Nachdem ich dies höflich, aber mit hochroten Ohren verneint hatte, waren wir doch froh, als wir pleite, aber glücklich das Grand Hotel im Rückspiegel des Taxis kleiner werden sahen …

ICH WAR AUF ALLES GEFASST

Der Abend war perfekt geplant, ich war auf alles gefasst. Bis mich eine despektierliche Fotoromanza über den Altersunterschied von Beni Thurnheer und Jeanine aus dem Konzept warf. Im Film finden, selbst wenn er schlecht gemacht ist, alle alles romantisch: SM, Cowgirl mit Pferd, alter Knacker mit jungem Boy, Vampirismus und was da sonst noch alles so kommen mag; in der Realität aber reicht das Alter zum Spott. Sofort heißt es: Er hat Geld, sie ist famegeil. Glauben die denn, man verliebt sich freiwillig. Man müsste ja blöde sein! Ist doch super, die blonde Studentin, was lief denn bloß schief?
Als Erstes hätte ich an Benis Stelle eine andere Krawatte umgelegt. Auch sollte man die Küchenkompetenz der Umworbenen loben und nicht die Kochkünste ihrer Mutter in den Himmel heben. Oder besser selber etwas Vernünftiges auf den Tisch bringen und seine Freundin mit einem kleinen Gourmetmenu füttern. Da mir zurzeit für die Kronenhalle das Geld fehlt, ließ ich mir daher jüngst ein Menu für zwei der Firma GOURMET15BOX anliefern, weil ein Dürüm bei Kerzenlicht kaum den Romantikfaktor erhöhen dürfte, der stets die Voraussetzung dafür ist, dass man sich wirklich näherkommen kann.
Als musikalische Umrahmung wählte ich das Album *Raising Sand* von Robert Plant und Alison Krauss. Als Vorspeise servierte ich Lachsröllchen, dann ein Kartoffelsüppchen mit Lauchsprossen. Zum Hauptgang entnahm ich dem Karton zwei Portionen Filet im Teig mit Romanesco-Croutons und Zitronen-Thymian-Jus. Dann wurde Käse mit Honignüssen gereicht und zum Abschluss gab es ein Mangomousse mit Grenadineperlen und Minzenblatt. Das alles mundete wunderbar und hätte laut Beipackzettel in nur fünfzehn Minuten kreiert sein sollen. Ich brauchte über eine Stunde, was leider nicht unbedingt kommunikationsförderlich war. Bei einem Tête-à-tête empfiehlt sich unbedingt eine Serviceperson,

um auch wirklich zwischen den Gängen plaudern zu können und das Gegenüber nicht minutenlang die Wand anstarren zu lassen. Weil man als Gastgeber andauernd orientierungslos in der Küche herumrumpeln muss und sich dann zu guter Letzt auch noch die Suppe über den Blazer gießt. Irgendwie brachte ich den Fünfgänger trotzdem korrekt über die Bühne. Es war mir nur überhaupt nicht recht, sie servicebedingt alle paar Minuten mit dem Champagner alleine lassen zu müssen. Das führte nämlich dazu, dass sie beim Hauptgang schon ziemlich betrunken war und ich, um auch auf meine Kosten zu kommen, noch eine zweite Flasche entkorken musste. Das Dinner endete dann zwar sehr schön, aber in beträchtlicher Schräglage. Der Altersunterschied zeigte sich am nächsten Morgen. Ich kann ihr fast nicht zuschauen, wenn sie sich, während ich mir meinen Cappuccino aufschäume, ein eiskaltes Red Bull in den nüchternen Magen stellt, bevor sie zur Uni rennt. Einen Unterschied merke ich zum Beispiel auch, wenn wir zum Spaß auf Bierdosen ballern. Ich treffe alle sechs, sie bloß fünf. Die aber in sechs Sekunden. Für meine sechs Büchsen brauche ich fünf Minuten, weil ich die Brille suche, welche ich seit einer halben Stunde auf der Nase trage. Das findet sie lustig. Jüngst spöttelte sie sogar, dass man mir, wie den Herren Noel Gallagher (41) und Robbie Williams (34), wegen Altersdemenz das Billet entziehen könnte. Dann dürfte ich meinen MX-5 nur mehr in der Garageneinfahrt fahren. Zwei Meter vor, zwei Meter zurück. Es hätte mich warnen sollen, dass sie *Der Mann ohne Eigenschaften* von Robert Musil fertig gelesen hat. Das hätte mich auf einen wachen Geist und große Ausdauer schließen lassen müssen. Schön langsam glaube ich, sie hat sich den Altersunterschied nur ausgesucht, um sich über mich amüsieren zu können. Dabei ging es mir anfangs bei ihr nur um das Geld. Als Künstler kenne ich ja kein regelmäßiges Einkommen und sie zieht Stipendien. Mit der Zeit ist sie mir aber trotzdem ans Herz gewachsen. Vielleicht, weil unser Baby die gleichen blauen Augen hat wie seine Mama. Natürlich werden wir angestarrt, aber man hat uns ja auch schon angestarrt, als wir noch gar nicht zusammen waren. In meiner Küche sieht es seit der Gourmetattacke aus wie in New Orleans nach dem Sturm. Das hat etwas Randständiges. Ich werde in der nächsten Zeit wohl mehr bei ihr wohnen. Das nennt sich Blues.

Nie bekommt man zu Weihnachten, was man sich wünscht

Obschon sie eine Verehrerin des Stillen Has sei, erklärte sich jüngst Frau Agi M. in einem Leserbrief, würde sie sich ob des in meinen Kolumnen geschilderten kleinkindlichen Alltags nur noch langweilen. Das führte dazu, dass ich wütend, die Plastikschale des Babygefährts als Torpedo benutzend, eine hart gefahrene Schneise durch die Masse der fluchenden, torkelnden und destabilisierten Weihnachtseinkäufer zog. In der vagen Hoffnung und mit der statistischen Wahrscheinlichkeit von circa eins zu einhunderttausend, mit dieser Aktion auch Agi M. umzupflügen.
Bis mich der Verdacht durchzuckte, dass diese womöglich sogar recht hätte. Führe ich nicht tatsächlich ein langweiliges Leben? Zeitenweise interessiere ich mich für gar nichts mehr. Früher habe ich auch ab und zu gern einen schlechten Text gelesen, heute interessiere ich mich doch höchstens noch für den Altersunterschied von Beni Thurnheer und Jeanine. Obwohl mich das gar nichts angeht.
Die Bundesratswahl wäre mich zwar etwas angegangen, hat mich aber nicht interessiert. Weil ohnehin klar war, welcher Grittibänz in die Krippe kommt. Leider ist Ueli Maurer humorlos, weil er Viktor Giacobbo nicht lustig findet. Die beiden tun mir jetzt schon leid. Solange sie gelesen werden, dürfen die Texte ruhig langweilen, Endo, holte ich mich emotional auf den Boden der Tatsachen zurück. Im Fernsehen kommt ja auch immer das Gleiche. Ich wurde allmählich ruhiger und spürte ein großes Verzeihen in mir und lauschte bloß noch den ihren Rhythmus verlangsamenden, rumpelnden Geräuschen, welche bei der Kollision mit Geschenkpaketen entstehen. Bis wir uns sanft wie ein im Menschenstrom treibendes Kajak dem Notfallweihnachtsbaum auf dem Bundesplatz näherten. Der sieht irgendwie gebraucht aus. Die ursprüngliche Tanne hatte mir besser gefallen, der vorherige Bundesrat auch. Nie

bekommt man zu Weihnachten, was man sich wünscht. Wenn es schon keine Frau sein durfte (zum Beispiel Nationalrätin Therese Frösch), so hätte ich mir doch wenigstens einen Landesvater mit Schnurrbart gewünscht. Aber den kann sich ja Herr Maurer noch wachsen lassen. Die neue Konkordanz kriegen wir mit gutem Willen vielleicht sogar noch hin, der originale Baum jedoch ist nur noch Biomasse. Wahrscheinlich brach er unter der Last des Care-Paketes, welches der UBS in den Baum gehängt wurde. Man hätte den Christbaum ausbalanciert dekorieren müssen, doch die räumliche Ausdehnung der Finanzblase, mit welcher wir als Entgelt für die Milliarden beschert wurden, hätte womöglich die Dimensionen des Bundesplatzes gesprengt. Warum hat man die Blase nicht einfach angestochen, das Gas herausgelassen, die Hülle kompakt eingerollt und mit einer Goldschleife verziert als Gegengewicht ins Geäst gehängt? Als kleines Zeichen für die Realwirtschaft. Unter dem Jahr ließe sich die verpackte Blasenhaut platzsparend in einer der letzten öffentlichen Fernsprechzellen lagern. Dort wäre sie telefonisch erreichbar und man könnte sie bei Bedarf jederzeit wieder aufblasen, sollte beim festtäglichen Global Monopoly wieder einmal das Spielgeld ausgehen. Zudem hätte man die Miete für den Briefkasten auf Jersey gespart.

Die in der Blase enthaltenen gärenden Dokumente aber, welche sich gut als historische Wertpapiere auf dem Reithalle-Flohmarkt verhökern ließen, sollte man den Autonomen überlassen. So könnten auch diese ihr Scherflein zur Behebung der Finanzkrise beitragen und es gäbe vielleicht sogar noch einen Gewinn.

2009

Die Schweiz befand sich im Wirtschaftskrieg mit den USA. Weil die US-Justiz der UBS wegen Beihilfe zur Steuerflucht auf den Zahn fühlte. Auch mit Deutschland gab es diesbezüglich Probleme. Der damalige deutsche Finanzminister Peer Steinbrück schnallte den Colt um, bezeichnete uns als Indianerstamm und drohte mit einer Kavallerieattacke, derweil das Gewicht der Goldvorräte unserer Kantonalbanken die Tresorböden zu durchbrechen drohte.

Silvio Berlusconi ließ den G8-Gipfel anstatt auf Sardinien im Erdbebenkatastrophengebiet von L'Aquila als Campingparty steigen.

Der Bundesordner, diese Ikone der Schweizer Bürokratie, feierte seinen hundertsten Geburtstag und Bruce Springsteen sang im Stade de Suisse. Ich sang in Davos und ging irgendwie verloren.

PER »QUICK STEP« NACH VENEDIG

Ich hasse Neujahrswünsche, wenn man noch nicht einmal das alte Jahr verdaut hat. Nach der mit botanischen Gleichnissen gespickten Ansprache des Bundespräsidenten fühlte ich mich selber wie ein schneebedecktes Alpenkraut, welches im frostigen Nebel auf den Frühling wartet. Nur meinem Selbstbehauptungswillen war es zu verdanken, dass wir, dem Spar- und Ökogedanken folgend, ein »Quick Step«-Arrangement mit der Bahn nach Venedig buchten, um wenigstens dem inneren Frühling etwas Raum zu geben. Dies, obwohl die Lagune im Nebel lag und Italien von einer arktischen Kältewelle heimgesucht wurde. Noch schnell in Europa Luft schnappen gehen, bevor es den Gegnern der Personenfreizügigkeit womöglich gelingt, die Verträge mit der EU zu bodigen und wir uns am Ende wie einst die DDR im Kalten Krieg selber einmauern müssen. Nur weil die Propaganda der Befürworter so schlecht ist. In puncto Originalität und grafischen Stils unterscheiden sich die Plakate der Befürworter drum leider wenig von den unseligen Krähenplakaten der Gegner. Stammen die etwa aus derselben Ideenschmiede? Völlig unpassend zurechtgehämmert erscheint

mir zum Beispiel die Darstellung der Schweiz als Bergbähnli, welches wegen Blocher und Brunner in einen Tobel hinabzustürzen droht. Die Blocher-Karikatur ähnelt eher dem ehemaligen deutschen Kanzler Ludwig Erhard. Schon das geht nicht zusammen, weil Erhard ein genialer Wirtschaftspolitiker war und Christoph Blocher nicht raucht. Treffender gelungen dagegen die Darstellung Toni Brunners. Kommentar überflüssig.
Repräsentiert dieses mit Käse, Uhr und Schoggi beladene Propaganda-Tschutschubähnli tatsächlich die Vision für eine Schweiz der Zukunft?
So gesehen würde mich dann gar nichts mehr wundern. Diese Gedanken machte ich mir, als ich, zum Fenster hinausstarrend, durch den Lötschberg rauschte. Mit steigendem Tempo stellte sich bei mir seltsamerweise aber eher ein Gefühl der Verlangsamung ein. Ein Eindruck, der sich dann ab Brig im Cisalpino, der unzähligen Zwischenstopps und des Postkutschentempos wegen, auch physisch realisierte. Trotz unzähliger Espressi und einer halben Schachtel Zigaretten, welche ich durch den Spalt des WC-Fensters hinausrauchte. Gegen den Cisalpino ist die Brienz-Rothorn-Bahn ein TGV. Das Tempo des italienischen Schienenverkehrs musste sich auf meinen eigenen Stoffwechsel übertragen haben, was in Venedig zu meinem totalen Stillstand führte. Als ich, noch während ich den Text auf dem Monitor des Bankomaten entziffern wollte, fassungslos mit ansehen musste, wie mir, »zipp«, vom Automaten die Karte gefressen wurde. Einer mediterranen Depression schien mir auch das Postfräulein zum Opfer gefallen zu sein, als ich versuchte, mir per Western Union Geld zukommen zu lassen und nach einer Dreiviertelstunde angeherrscht wurde, es doch irgendwo anders zu versuchen, Western Union kenne sie nicht. Umso freundlicher war dann der Kellner im Fünfsternhotel, als er uns für zwei Cappuccini und ein Lachsbrötli einhundert Euro abknöpfen wollte, schließlich aber mit fünfzig zufrieden war und die Quittung verschwinden ließ. Den einzigen lachenden Italiener

sah ich auf einem Plakat. Ein überspanntes Berlusconi-Portrait am Mailänder Hauptbahnhof, in dem wir einen Tag zu spät, völlig orientierungslos und durchgefroren stundenlang auf den Zug zurück in die Schweiz warteten. Berlusconi sah aus, als ob ihm wegen der enormen Spannung jeden Moment das Gesicht reißen würde. Vielleicht wäre der Kommunismus für Italien gar nicht so schlecht gewesen. Dann hätten die heute wenigstens eine Ausrede.

ICH GLAUBE NICHT, DASS IRGENDJEMAND NACH MIR SUCHT

Möglicherweise war ich nur der Blähungen wegen so aggressiv. Ich hatte das Gefühl, es würde mich psychisch und physisch auseinandertreiben, fürchtete eine Explosion. Dabei hatten wir beschlossen, dass ich mich diesmal anständig aufführen würde. Keine Unschuldigen verprügeln, keine Kellner anschreien, kein Zugpersonal provozieren. Sie, mit dem Werk Thomas Manns vertraut, wollte das Wochenende in Davos genießen. Um mich ruhig zu halten, hatte ich mir das Buch *Die Lehren des Don Juan* von Carlos Castaneda eingepackt. Der erste Rückfall kam auf dem Weg zum Bus. Ich wurde hitzig, als eine Mutti in ihrem Ford Ka, anstatt vor dem Zebrastreifen anzuhalten, mit offenem Mund, die Hand zum Gruß erhoben, grinsend an uns vorbeiraste. Dies, obwohl ich, den Babywagen vor mich herschiebend, ein eindeutiges Handsignal gegeben hatte. Die hat gemeint, ich hätte sie gegrüßt!
Kaum hatte sich mein Puls beruhigt, kam auch schon der nächste Eklat. Ein Typ, welcher stur auf dem Notsitz im gut ersichtlich ausgeschilderten Platz für Rollstühle und Kinderwagen kleben blieb und zum Fenster hinausstarrte, als ob ihn das alles nichts angehen würde. Obwohl ich aus der Haut fuhr und der Bus total überfüllt war. Sie nahm mir mein Unwohlsein als Entschuldigung nicht ab, als ich kurz nach meinem Ausbruch laut hörbar deflatieren musste. Blöderweise in Richtung der sich auf der Höhe meines Auspuffs befindlichen Birne des Idioten. Sie fand es zynisch und degoutant, öffentlich einen Randständigen anzufurzen. Er könnte ja an einer psychischen Krankheit leiden oder Drogenprobleme haben. Ich schwieg, ich schämte mich und ich vermutete als Ursache meines Fehlverhaltens Fieber. Die kurz danach im Zug vorgenommene Messung ergab allerdings keinen erhöhten Wert. Trotzdem kochte ich innerlich, weil einer in der Sitzreihe vor uns penetrant mit seiner Chipstüte knisterte. Um die Situation zu entschärfen, nahm

ich mir meine Lektüre vor. Das stabilisierte mich für den Rest der Anreise, obwohl ich die zentrifugalen Kräfte in mir unvermindert weiterwüten spürte.

Im Hotel Schatzalp angekommen, fühlte ich mich eher betäubt als wirklich beruhigt. Alles schien mir überdimensioniert. Nach einer neuerlichen Wallung zeigte das Thermometer 36,9 Grad, leicht erhöhte Temperatur. Ich fiel ins Bett. Als ich aufwachte, war es Abend. Ich rauchte auf der Terrasse ein kleines Haha-Zigarettchen und starrte in den Nebel. Unfähig, über alles zu reden, wartete ich, bis sie mit dem Kind eingeschlafen war. Die Zeit stand still. Ihrem Atem lauschend, wurde ich ruhiger und fragte mich, ob sie eigentlich weiß, wie sehr ich sie liebe. Plötzlich schien die Kraft, welche mich seit Wochen auseinanderzusprengen drohte, ihre Polarität zu ändern. Der Druck kam plötzlich von außen und nicht mehr aus mir selbst. 37,4 Grad. Ich spürte meine Verkrustungen einbrechen, fühlte mich gedrückt, hatte Angst, zerknüllt zu werden. Gleichzeitig diese Verlangsamung meiner Wahrnehmung. War ich im Begriff zu implodieren? Zeitgleich stellte sich eine erstaunliche Verdichtung meiner Physis ein. Ich wurde kleiner. Die Parisienne hatte für mich plötzlich die Größe einer Montecristo und war so schwer, dass sie mir aus der Hand fiel. Mit beiden Händen schnappte ich mir das Thermometer. 36,2 Grad: Untertemperatur. Ich schrumpfte weiter bis auf Erbsengröße und fürchtete, zu Tode gequetscht zu werden, als das Kind am Morgen gigantisch wie ein Mammut in Zeitlupe über mich hinwegkroch. Sein feines Stimmchen tönte wie Janis Joplin in ihrem letzten Lebensjahr. Zuletzt wurde ich von einem Staubsauger eingesogen. Seither sind Lichtjahre vergangen. Ich bin zu Antimaterie geworden und glaube nicht, dass irgendjemand nach mir sucht.

DAS LOCH

Vielleicht hatte er bloß zu viel gefeiert. Schämpis und fette Häppchen. Eventuell lag es aber auch nur an der Arbeitsüberlastung. Der Absturz kam am Morgen nach dem Kundenanlass. Nur noch Blau am Monitor und in ihm selbst. Bluescreen of Death (BOD). Der Steuerpflichtige A. fiel, Spiralnebel knisternden Papiers hinter sich herziehend, durch dieses jenseitige Loch. Direkt auf den Rücksitz eines mit »Mechmed-Taxi« beschrifteten 1972er Toyota Crown, welcher, vom schlecht rasierten, unablässig auf ihn eintextenden Chef des Unternehmens selbst pilotiert, mit einem Affenzahn über die Pisten einer ihm unbekannten Wüstenlandschaft gejagt wurde. Jener habe in Bern Betriebsökonomie studiert, registrierte A. nebenbei, bevor er nun auf immer und ewig gestresste KMUler mitsamt den erforderlichen Unterlagen zu den entsprechenden Abteilungen des definitiven Inspektoren-Inspektorates kutschieren muss. Im Falle von A. war es die Abteilung CH55, zu welcher dieser zwecks definitiver Veranlagung aufgeboten war. Es ging um die letzten dreiundfünfzig Jahre. Der schwammig durch die Kurven schlingernde Crown ging fast zu Boden unter der Last, während A. fiebrig versuchte, auf dem Rücksitz etwas Ordnung in das vergilbte Chaos zu bringen. Bei dem Haufen Quittungen müsse er ja ziemlich Dreck am Stecken haben, einiges auf dem Kerbholz sozusagen, meinte der rasende Fellache und entblößte eine Reihe respektabler Goldzähne. Wenn all die buchhalterischen und steuertechnischen Versäumnisse tatsächlich von der Inspektionsbehörde ins Kerbholz geschnitzt würden, dann könnte die Schweiz mit den angefallenen Festmetern Holz den Funken zur Bundesfeier der Schweizerischen Botschaft in Teheran befeuern, entgegnete der durchgeschüttelte Bürolist, verzweifelt auf seinem Kalkulator herumtippend. Da könne die Schweiz zeigen, dass sie mit ihren Kerbholzstapeln durchaus über heimische Energieressourcen verfügt, und niemand müsste mehr meinen, wir seien vom Erdöl

abhängig und unsere verehrte Bundesrätin Micheline Calmy-Rey wäre zum Islam konvertiert, nur weil sie als Schutz gegen die sengende Sonne anlässlich ihres Iranbesuches ein Kopftuch getragen hat. Glich sie doch mit ihrem Kopfputz eher der Jeanne Moreau als einer bekennenden Muslimin. Das sei kein Witz, die hätten ein Höllenchaos da oben, blaffte der Fahrer zurück. Das Inspektorat würde sich betreffend Datenerfassung und Dokumentation nämlich noch immer auf assyrische Tontäfelchen, Kerbhölzer, ozeanische Knotentechniken, Papier und Pergament stützen. Pergament sei wegen der vielen Veganer im Himmel aber nur mehr schwer aufzutreiben. Zudem sei der letzte Buchbinder ins Nirwana outgesourct worden und die Unterlagen aus der vatikanischen Bibliothek zur Zeit nicht greifbar.
A. müsse sich in orientalischer Geduld üben, das Inspektoren-Inspektorat würde gerade auf eine hundertjährige Veranlassungsperiode umstellen, das könne noch ewig dauern. Außerdem klinge der Name »Ananda« für seine Ohren eher indisch, ja fast vedisch. Was heißen würde, dass er A. eigentlich eher bei der Amtsstelle HIN55 abliefern müsse und nicht bei CH55. »ANACONDA! ...«, brüllte der nun völlig entnervte Bürolist gegen den im zweiten Gang dahinfräsenden Toyota an, »... ich bin Tessiner und Christ!«
Wohl ein wenig zu emotional, rumpelte doch der Toyota ausgerechnet in diesem Moment über ein Schlagloch. Ein abgewetzter *Weltwoche*-Plastiksack, gefüllt mit der längst fälligen Steuererklärung 03, löste sich vom Dachträger und zerplatzte beim Aufprall. Das Durcheinander verselbstständigte und verteilte sich fledernd, von gewaltigen Luftwirbeln durchwühlt, in der Landschaft. Die sofort mit wippendem Heck eingeleitete Vollbremsung katapultierte den Rest vom Dach. Das Übrige erledigte der Wind. Danach irrte er nur noch planlos herum. Auf der verzweifelten Jagd nach seinen Dokumenten. Durch eine endlose Wüste raschelnden Papiers. Bis er dann in diesen ausgetrockneten Brunnen stürzte. Durch all die dokumentarischen Schichtungen jahrtausendelanger

menschlicher Betriebsamkeit. Direkt an seinen Schreibtisch. In einen ergonomisch optimierten Bürostuhl.
Dort fand er sich, durch das Loch eines Bundesordners starrend, wieder, hinter dem er sich verschanzt hatte, um ungestört von den Blicken der Beamten im gegenüberliegenden Verwaltungsgebäude ein Nickerchen machen zu können. Immer noch blau illuminiert von seinem Bildschirm, in seinem Büro, das bezüglich Raumaufteilung und ästhetischer Gründe wegen perfekt auf die Bedürfnisse seiner sich in allen Farbklängen den Wänden entlang ergießenden Bundesordner abgestimmt war. Sogar die Hodler-Reproduktion mit dem Holzfäller harmonierte Ton in Ton mit der Büroeinrichtung. Das verlieh dem Raum eine ordentliche Atmosphäre. Falls je jemand vorbeikommen sollte. Einige Ordner hatte er schräg gestellt oder aufgeschlagen, um Betriebsamkeit vorzutäuschen. Eine Tarnung für das Chaos, welches sich hinter der Fassade der Bundesordner mit den Jahrzehnten breitgemacht hatte. Instabile Stapel, Berge von rutschenden, vollgestopften Plastiktüten. Lose verschnürte Ballen, Zettel, Wische, AHV-Abrechnungen, Alimentationsbescheinigungen, Krankenkassenbelege, Quittungen etc. ..., welche noch in entsprechenden Ordnern abzulegen wären.
Ein Datendschungel, zu dessen Rodung ihm nur noch vierzehn Jahre zur Verfügung stehen. Die Zeit, welche ihm noch bis zu seiner Pensionierung bleibt. Allein der Gedanke an den Umfang der liegen gebliebenen Arbeit machte ihn wieder schläfrig. Obwohl dieses beklemmende Gefühl in seiner Brust, welches er seit Wochen zu spüren geglaubt hatte, angesichts seiner wartenden Bundesordner einer Art leiser Zuversicht wich. Einer matten Dankbarkeit dafür, in jenem Land zu leben, in welchem es, offiziell gesehen, buchhalterisches Durcheinander welcher Art auch immer gar nicht gibt. In einer sicheren Heimat, in welcher das beste Ablagesystem der Welt erfunden wurde, um seine Einwohner und den Planeten vor dem Konkurs zu retten: nämlich »the one and only« Bundesordner.

Noch hat das Chaos nicht gesiegt, durchrieselte es ihn zufrieden, bevor er wieder einschlummerte.

Ich werde Bruce Springsteen eine Einladung schicken

Ich hatte mir von Elizebeth Teissier per Handy meine Sternenkonstellation erklären lassen. Nur negative Einflüsse. Ein Tag wie ein Börsensturz. Okay, die neue Bleibe, zwei zusammengelegte Wohnungen mit einander gegenüberliegenden, verglasten Eingangstüren, ist riesig. Ideal für eine Familie, aber zu groß für mich alleine. Nachts lasse ich das Licht im Gang brennen, so fühle ich mich nicht so allein, während ich aus den Zügelkisten längst vergessene Gegenstände auspacke. Zum Beispiel eine Plastikflasche in Form einer Madonna aus Lourdes. Diese hatte mir einst meine Oma geschenkt. Mit der Auflage, dafür jeden Tag einen Rosenkranz beten zu müssen. Nicht ohne jedoch den geweihten Inhalt zum Schutz gegen eventuellen Frevel in eine leere Glasflasche zu füllen. Blöderweise war es genau die Flasche, in welcher Opa einen Rest Batteriesäure aufzubewahren pflegte. Mit diesem aufgepeppten Weihwasser segnete meine Großmutter zu Weihnachten das Haus und die ganze Verwandtschaft, indem sie allen mit dem Weihwasser ein Kreuz auf die Stirn zeichnete. Das führte zur Verätzung der ganzen Familie, obwohl meine katholische Oma felsenfest davon überzeugt war, dass es sich bei den feuerroten Kreuzen auf den Stirnen ihrer Lieben um ein Wunder handeln musste. Danach schwor ich allen Riten ab, bei denen Weihwasser verwendet wird, und Rosenkranz habe ich seither auch keinen mehr gebetet.
Trotzdem schüttelte mich eine Art religiöse Rührung, als ich jüngst im TV die Feierlichkeiten zur Amtsübernahme Barack Obamas mitverfolgte. Eine Mischung aus Gottesdienst, Gospel, Siegesfeier und Rock 'n' Roll, für den vor allem Bruce Springsteen zuständig war. Für Letzteren empfand ich immer schon Bewunderung und Mitgefühl, weil ich weiß, wie das ist, als berühmter Mensch ein seltsames Kinn zu haben. Doch während die Kinnlade vom Boss an eine Baggerschaufel oder ein Lavabo erinnert, gemahnt

mein Doppelkinn von der Form und Konsistenz her eher an den Schnabelsack eines Pelikans. Schon in der Schule wurde ich deswegen gehänselt. Es wurde gemutmaßt, wie viele Makrelen sich der Endo in den Schlund stopfen kann, ohne daran zu ersticken. Mit so einem Kinn weiß man als Rocker nie, ob die Mädels wegen der Lieder, aus Mitleid oder gar aus Schadenfreude an die Konzerte kommen. Ich fürchte jetzt schon den Tag, an welchem der erste Schweizer mit afrikanischen Wurzeln in den Bundesrat gewählt wird und Schifer Schafer und ich, zusammen mit Nella Martinetti und dem Bo Katzmann Chor, auf dem Bundesplatz die Wahlparty schmeißen müssen. Dies ging mir durch den Kopf, während ich weiter Kisten auspackte, und ich muss zugeben, dass auch ich dem Zauber Barack Obamas erlag. Bei ihm könnte sich Papst Benedikt XVI. abschauen, wie man heutzutage Religion macht. Der Rock 'n' Roll von Barack ist viel überzeugender als jener Ratzingers.

»Ratzi« wurde von seinen jugendlichen Fans anfangs auch wie ein Rockstar verehrt, doch mittlerweile ist er nur noch ätzend. Da glaube ich lieber an Obama, mit dem ich eine gewisse Verbundenheit verspüre, weil der auch grad gezügelt hat. Nur haben ihm dabei mehr Leute geholfen als mir. Auch er dürfte sich nach seinem Einzug ins Weiße Haus gedacht haben: Super, endlich mehr Platz. Ob die Obamas in der Nacht auch das Licht brennen lassen? Auf alle Fälle dürfte bei ihnen mehr Betrieb sein als bei mir. Ich werde wohl eine Party geben und Bruce Springsteen eine Einladung schicken.

Der Boss kommt selber vorbei

Völlig überraschend erhielt ich letzte Woche eine E-Mail von Bruce Springsteen. Er fände meine Kolumnen im *TA* ja lustig, bis auf die letzte, in welcher ich sein Kinn mit einem Waschbecken verglichen habe. Er habe den Witz nicht verstanden und wolle mir nach seinem Konzert am 30. Juni in Bern gerne beim Auspacken helfen und auch gleich einen Kübel fangfrischen Dorsch mitbringen, um sich selber ein Bild über das Fassungsvermögen meines Schlundes machen zu können. Danach könnten wir dann ja Party machen. Zur Feier des Tages ließ ich »Born in the USA« durch die Wohnung schallen, während ich fortfuhr, die Kartons aufzureißen, um deren Inhalt zu sortieren. Ganz so, wie es zurzeit die Großbanken mit ihren Altlasten machen, mit dem Unterschied, dass mein Krempel im Vergleich zu den Lehman-Papieren wenigstens einen ideellen Wert darstellt. So zum Beispiel dieser vergilbte Winnetou-Starschnitt, welcher mich an meine eigene glorreiche Zeit als Dorfapache erinnert. Als ich noch auf Büffeljagd ging und mit der Flobert das Feuer auf die Kühe des Nachbarn eröffnete, bis dieser mein liebstes Spielzeug um einen Apfelbaum wickelte, mir hernach den Skalp rupfte, um diesen vor seinem Wigwam baumeln zu lassen. Wahrscheinlich lag es am bösen Fieber, 37,8 Grad, welches mich seit meinem Auftritt beim Songbird-Festival in Davos plagt, dass ich mich plötzlich mitten im Film *Winnetou 3* befand. Der Häuptling sterbend auf der Bahre, im Hintergrund der Karst Ex-Jugoslawiens. Dann des edlen Apachen letzte Worte im Sonnenuntergang: »Winnetou ist Christ«. Selbst Ratzinger hätte seine Freude an dieser Szene. Angesichts der Kirchenaustritte wegen seiner Pius-Brüder.

Gerührt hämmerte ich eine E-Mail an Pierre Brice ins Netz, um ihn ebenfalls zur Einweihungsparty einzuladen. Haben doch er und Lex Barker in ihren Rollen als Winnetou und Old Shatterhand den Boden für zahllose politische Männerfreundschaften gelegt.

Bestimmt wurden Christoph Blocher, Ueli Maurer und Toni Brunner als Knaben auch von Karl May beeinflusst, sonst würden sie heute nicht so verbissen ihr Reservat verteidigen. Wenn Ueli Maurer als echter Waldläufer, welcher am liebsten unter dem freien Himmelszelt nächtigt und alle Gräser der Prärie geschmacklich unterscheiden kann, obschon er sie nicht in seine Friedenspfeife stopft, eine Art Winnetou wäre, dann entspräche die Figur Shatterhands Christoph Blocher. Wegen seiner schmetternden Rhetorik. Zum Beispiel seine jüngste Attacke: »Wenn alle dem Hitler (anstatt dem Blocher?) zujubeln, dann gewinnen die (wer?) halt ...«. Das zeigt, dass er ein Romantiker ist. Einer, welcher sich bewusstseinsmäßig zwar nicht im Wilden Westen, aber immerhin in der Zeit der Generalmobilmachung bewegt. Toni Brunner entspräche am ehesten der Figur des Sam Hawkins. Wegen seines Gekichers (hi, hi, wenn ich nicht irre). Während ich weiter den mythischen Urgrund der SVP analysierte, war das Fieber auf 38,2 gestiegen. Dann fiel mir das Werk *Sternstunden der Menschheit* auf, bevor mich der nächste Hustenanfall schüttelte. Doktor Sauerbruch müsste ich eigentlich auch einladen, der hat ja seinerzeit die erste Operation am offenen Thorax vorgenommen. Danach förderte ich noch eine Mao-Bibel zutage. Der Vorsitzende wird nicht vorbeikommen, weil er schon lange über den Gelben Fluss gegangen ist. Würde er noch leben, hätte er sowieso keine Zeit, weil er sich mit seinen hungernden Wanderarbeitern schon auf den nächsten »Langen Marsch« begeben hätte.

AUF DEM KRIEGSPFAD

Kaum befindet sich die Schweiz einmal im Kriegszustand, obschon dieser nur ein Angriff auf das völlig überholte Bankgeheimnis ist, drehen die Leute auch schon durch. Obwohl der sogenannte »Wirtschaftskrieg« sang- und klanglos wieder abgesagt worden ist, weil jetzt doch beide Seiten das Gespräch suchen. So dachte ich, als ich vorsorglich das Langgewehr meines Großvaters putzte, fettete und den Verschluss mit einem satten »Klack« einrasten ließ. So zum Beispiel hatte mir doch vorgestern erst ein gewisser Herr Winnetou, seines Zeichens Häuptling der Apachen, einen Brief geschrieben, in dem er sich beschwert, dass unser Kriegshäuptling Ueli Maurer die blutsbrüderliche Warnung, dass die USA nach der Installation eines Abwehrschildes gegen unsere 1.-August-Raketen die UBS endgültig plattmachen könnten, einfach in den Wind geschlagen hat. Hilflos müsste Kaspar Villiger zuschauen, wie die größte Schweizer Bank gegroundet wird. Wie einst die Swiss, welche ja auch schon unter seiner kundigen Mithilfe zielsicher zum Schnäppchenpreis in den Rachen der Lufthansa navigiert wurde. Für die armen Boni-Banker dürfte es in diesem Falle höchstens noch ein Dreigangvelo als Abgangsentschädigung geben und das hieße dann wirklich strampeln. Die gold- und landgierigen Yankees aber könnten dann die Herausgabe unserer Goldreserven verweigern, unsere Goldvrenelis zu Gold Eagles ummünzen, diese als Inlandwährung einführen und ihre Auslandsschulden mit noch mehr wertlosem Papier bezahlen. Und der Schatz wäre futsch. Und weil ihm, dem Häuptling der Apachen, der mit der List der Blauröcke bestens vertraut, niemand glaubt, würde er sich in seiner Verzweiflung an mich wenden. Weil ich bald der Einzige, der ihm treu geblieben wäre. Es habe ihn sehr gerührt, dass ich seinen Bravo-Starschnitt über all die Jahre aufbewahrt habe. Er sei zwar schon achtzig, aber immer noch gut in Schuss. Er mache das Angebot, sich mit uns auf den Kriegspfad zu begeben, weil die Apachen auch Reservatsbewohner seien und er außerdem Inhaber eines UBS-Kontos sei. Mit hundert verwegenen, mit Karabinern und Bowiemessern ausgerüsteten Reitern würde er unser Gold, welches die Yankees in Fort Knox weggesperrt hätten, schon nach Hause holen. Die Rösser hätten den Vorteil, dass sie nicht so laut und CO_2-günstiger sind als die auffälligen Leopard-Panzer, welche völlig ungeeignet sind, wenn man sich anschleichen will. Eine überraschende Kavallerieattacke aus dem Hinterhalt und die Sache wäre erledigt. Völlig blödsinnig fände er es, unsere Kanukrieger in den Gewässern vor Somalia kreuzen zu lassen, anstatt sie unter seinem Kommando, getarnt als Baumeler-Abenteuerreisende, den Ohio River hinaufpaddeln zu lassen. Um den Abtransport der Barren auf dem Seeweg zu bewerkstelligen. In meiner Kolumne sehe er die letzte Möglichkeit, unsere Stammesführer doch noch dazu zu bewegen, endlich das Kriegsbeil auszugraben. Ich solle ihm doch ein Rauchzeichen geben, wenn ich seinen Plan unterstützen würde. Er habe im nahe gelegenen Ostermundigenwald Späher postiert. Er wolle mit mir, sobald der Kriegszug erfolgreich abgeschlossen sei, zur Feier des Sieges ein gemütliches Friedenspfeifchen mit bestem Büffelgras schmauchen. Noch immer vorkriegstraumatisiert am Verschluss meines antiken Schießprügels herumnestelnd, rauchte ich eine halbe Schachtel zum Fenster hinaus. Trotzdem habe ich nichts mehr von Winnetou gehört und habe schön langsam den Verdacht, jemand habe sich einen üblen Scherz mit mir erlaubt.

ICH WAR IMMER SCHON AUFFÄLLIG

Das fing bereits im Kindergarten an. Man beobachtete mich, über den Grund kann ich nur mutmaßen. Vielleicht, weil ich immer schon das Talent hatte, im falschen Moment das Richtige zu sagen, ohne mir der Konsequenzen bewusst zu sein. Oder diese unheilvolle Gabe, fatale Kettenreaktionen auszulösen. Ob nun Wälder brannten, Fischteiche ausliefen, der Bürgermeister, in seiner Sekretärin steckend, zufällig vom Pfarrer entdeckt wurde oder ob der Hund vom Metzger unters Auto kam – immer war ich in irgendeiner Form, und sei es auch nur am Rande, an diesen Minikatastrophen beteiligt. Dies führte dazu, dass ich mich schon früh einer zweifelhaften, lokalen Prominenz erfreute. Das änderte sich auch nach der Einschulung nicht. Jede meiner Bewegungen wurde registriert.

»Dein Gesicht werde ich mir merken, setzen!«, waren die ersten Worte, welche der dem Schnaps und dem Tobak sehr zugetane Lehrer an mich richtete – mit flackerndem, ausweichendem Blick und auf mich zielendem, zitterndem Zeigefinger. Wahrscheinlich, weil er ein Jahr zuvor, angeheitert und mit einem Kotzbalken im Gesicht, auf seinem Puch-Roller einen Kuhfladen übersah und in der Kurve am Dorfeingang geradeaus fuhr, und zwar nur, weil er mich angestarrt hatte. Seither ging er am Stock, den er auch trefflich zu gebrauchen wusste. Der Stumpen indes war in der Kuhscheiße stecken geblieben und rauchte noch eine Weile alleine vor sich hin. Mich aber bezichtigte man seither hinter vorgehaltener Hand des bösen Blickes. Der Lehrer behandelte mich mit einer Mischung aus Hass und Respekt. Bis er, nachdem ich ihn als Rache für eine Strafaufgabe ein halbes Jahr schweigend angestarrt hatte, auf eigenen Wunsch versetzt wurde.

Vertreten wurde er durch eine junge, rothaarige, sehr gut riechende Religionslehrerin, mit der ich machte, was ich wollte, nachdem sich unsere Blicke das erste Mal getroffen hatten. Bis sie mich einmal, nachdem sie mich ins Lehrerzimmer gerufen hatte, an sich drückte, meinen Nacken mit flatternden Händen erforschte und anfing, mein Gesicht abzuküssen. Das führte dazu, dass ich, ohne wirklich sexuelle Absichten zu hegen, aus rein empirischem Interesse heraus, die Technik des Zungenkusses bei ihr anwendete, welche ich in den Sommerferien zuvor mit einem Berliner Ferienmädchen am Faaker See ausgiebig im Zelt ihrer Eltern geübt hatte, während diese mit dem Schlauchboot zur Insel hinübergerudert waren. Ihre Küsse schmeckten nach Pfefferminz. Die Lehrerin roch nach Odol, Zigaretten und Chanel No. 5 und sie brauchte über eine halbe Minute, um zu erschrecken. Leider wurde sie bald abgelöst, nachdem ich über Wochen hinweg nur noch Panzerbildchen in mein Heft abgepaust hatte und schließlich meine Mama intervenierte. Bis heute weiß ich nicht, ob ich ihr dafür dankbar sein soll. Schließlich war ich es, der mit der Schmuserei angefangen hatte. Das sei alles wegen meiner schönen Augen, meinte Mama, danach kam ich auf ein katholisches Internat. Als ich dort dann meinte, auf gut dreißig Meter Entfernung den mir verhassten, weil brutalen Direktor auf der Eisbahn ausgerutscht haben zu lassen, mit der Folge, dass dieser sich eine schwere Gehirnerschütterung zugezogen hatte, wurde ich von Omnipotenzphantasmagorien geschüttelt. Zum Schluss fühlte ich mich für alles verantwortlich. Die Reihe der globalen Katastrophen, an denen ich mich mitschuldig fühlte, riss nicht mehr ab. Um die Menschheit vor meinem Blick zu schützen, lief ich fortan nur noch mit einer Sonnenbrille herum und hörte den ganzen Tag Velvet Underground und Black Sabbath. Heute bin ich ein ganz normaler Gutmensch, höre U2 und denke positiv. Auf diesem Wege habe ich auch schon einige Erfolge erzielt. Zum Beispiel die Wahl Barack Obamas oder dass sich Kate Moss von Pete Doherty getrennt hat und dass ich sie nächstens an einer *Faces*-Party näher kennenlernen werde. Alles wird gut. Nur Papst Benedikt XVI. kriege ich nicht in den Griff.

SHATTERHAND WAR DEUTSCHER

Wenn ich gewusst hätte, dass die Veröffentlichung meines nicht ganz ernst zu nehmenden Winnetou-Briefes in meiner letzten Kolumne zu einem Stammeskrieg führen würde, hätte ich mit diesem Indianerblödsinn gar nicht erst angefangen.
Der *TA*-Leser Peer Steinbrück hätte den Witz nicht falsch verstanden und sich nicht als Pappkamerad mitten in Zürich für den *Blick* abwatschen lassen müssen. Das überlegte ich mir, während ich mein Kalumet mit dem heiligen Kraut der Sioux *Büffelfurz Nr. 3* stopfte, um wenigstens mit mir selber die Friedenspfeife zu rauchen. Wahrscheinlich hat Herr Steinbrück zu viele schlechte Western mit John Wayne gesehen, in denen die Indsmen generell schlecht wegkommen, wenn sie blöd heulend dem Duke vor die Winchester getrieben werden.
Angela Merkel steht hingegen wahrscheinlich eher auf Spaghettiwestern, in denen es keine Guten und keine Bösen gibt. Vielleicht versteht sie sich deswegen auch so gut mit Silvio Berlusconi. Hätte der deutsche Finanzminister anstatt nur Karl Marx auch seinen Karl May gewissenhaft studiert, so wüsste er nämlich, dass Old Shatterhand ein Deutscher war und dass wir Indianer an sich edel, hilfreich und gut sind. Denn wir Deutschen, Österreicher und Schweizer gehören zur selben Stammesfamilie. Die Deutschen entsprächen im Wilden Westen den Lakota, die Ösis den Oglalas und wir Eidgenossen wären vielleicht am ehesten dem Stamm der Shoshonen zuzuordnen. Diese sollte der große Bruder schon schonen und zuerst ein Powwow abhalten, bevor er das Kriegsbeil ausgräbt. Das fand auch der Guido Westerwelle von der FDP, dem die gegenwärtige Westernwelle auch auf den Medizinbeutel ging. Immerhin ist Deutschland unser wichtigster Handelspartner. Viele Deutsche leben bei uns. Die bauen anständige Autos und servieren einem das Feuerwasser ohne Androhung körperlicher Gewalt. Außerdem sind sie top ausgebildet, waren drei Mal

Fußballweltmeister und sind, wenigstens was die weiblichen Exemplare betrifft, äußerst attraktiv. Eine Blutauffrischung, die wir Shoshonen gut gebrauchen können. Die Jungs spielen besser Fußball und die Mädels werden noch hübscher, was sollte man da dagegen haben? (Frei nach Peter von Matt). In den falschen Hals gekriegt hat die ganze Geschichte auch Ueli Maurer. Der hat doch glatt hinausposaunt, dass er aus Protest gegen Steinbrück seinen bundesrätlichen »Merz« gegen einen Renault ausgetauscht habe, dabei fährt er im Nünitram durch die Gegend. Von mir aus könnte man den Merz auch gleich austauschen. O(s)pel hat man ja auch gegen Villiger ausgetauscht. Dabei weiß unser Kriegshäuptling ganz genau, dass der Steinbrück, was die Kavallerie betrifft, mit seinen paar bockigen Mulis gar keine Chance hätte gegen uns. Schließlich haben wir im Tessin noch eine echte Wildpferdeherde, die wir notfalls zureiten könnten. Eurofighter will der Chief auch keine mehr. Vielleicht müssen wir, nachdem uns die letzten F/A-18 auseinandergebrochen sind, in Zukunft die Piloten unserer Luftwaffe in einen Kurs für Yogisches Fliegen zu den Jüngern des Guru Maharishi schicken. Damit wir hinkünftig auch ohne Fluggerät unseren Luftraum sichern können. Hoffentlich bleiben wenigstens genug Tiger-Jets übrig, dass unsere glorreiche Patrouille Suisse nicht am Boden bleiben muss. Dann fände ich an dieser Armee nämlich überhaupt nichts mehr, was mir Freude bereiten würde.

Vielleicht hätte der G8-Gipfel anders geendet

Tragisch für Berlusconi, dass sein Humor nicht verstanden wird. Nur Angela Merkel scheint manchmal, soweit er nicht andauernd in sein Telefonino quasselt, von seinen spitzbübischen Späßen belustigt. Dabei wollte er mit seinem kleinen Campingscherz nur die armen Erdbebenopfer wieder ein bisschen zum Schmunzeln bringen, ihnen mit seinem eigenen Beispiel Mut machen. Weil er ja selber einmal ganz klein angefangen hat und sich früher auch nur Campingferien hat leisten können. Nachdem sich Italiens Premier aber unter der Sonne Nordsardiniens seine Ferienresidenz mit eigenem unterirdischem U-Boothafen errichtet hat, ist er eher selten beim Camping anzutreffen. Obwohl seine Fischerhütte gegenüber der Insel La Maddalena liegt, welche eine US-Marinebasis beherbergt. Nach der Logik des Kalten Krieges ein potenzielles Erstschlagziel. Wen wundert's, dass auch Berlusconi für die atomare Abrüstung ist und sich wieder einmal nach einfachen Campingferien sehnt. Ohne die nervende Presse, auch wenn es nur seine eigene ist. Allein mit dem Meer, dem Wind und den Wildschweinen. Als Gleicher unter Gleichen. Zum Beispiel auf dem nur wenige Kilometer entfernten Campingplatz von Vignola, wo ich früher selber gerne meine Ferien verbrachte, bis es mir seltsam vorkam, dass dieser Witzbold immer wieder gewählt wurde, obwohl ich keinen einzigen Italiener kenne, der zugeben würde, ihm seine Stimme gegeben zu haben. Frau Merkel ist vielleicht die Einzige, welche Verständnis für die plötzliche Natursehnsucht Berlusconis aufbringen kann. In der DDR wurde ja auch viel gezeltet.
Vielleicht hätte der G8-Gipfel anders geendet, hätte man den Anlass auf einen Campingplatz der Insel Guernsey verlegt. Auf eine der letzten Steueroasen, welche seltsamerweise nicht einmal Peer Steinbrück austrocknen will. Vielleicht, weil dies technisch viel schwieriger zu bewerkstelligen wäre als die Austrocknung der Schweiz, welche zwar wasserreich, aber doch ein Binnenland ist.

Da müsste man ja den Ärmelkanal trockenlegen. Die Steilküste der Kanalinsel würde auf alle Fälle die Anlandung von Demonstranten und somalischen Piraten erheblich erschweren. Die Führer dieser Welt hätten auf Guernsey, anstatt London im Chaos versinken zu lassen, gemeinsam ein Schaf braten können, um in entspannter Atmosphäre endlich mit der Weltrettung zu beginnen. Sarkozy und Carla Bruni hätten völlig unkompliziert vom nahe gelegenen Saint-Malo mit dem Pedalo anreisen und Carla hätte bei prasselndem Lagerfeuer ihre Chansons zum Besten geben können. Während Silvio und Angela mit geröteten Pausbacken auf den Klippen Blinde Kuh hätten spielen dürfen. Für Obamas First Dog Bo, einen Portugiesischen Wasserhund, gäbe es genügend Ausschwimmmöglichkeiten. Zudem ist das Klima auf Guernsey fast so schön wie in Italien. Es gibt sogar Palmen. Vielleicht sollte die Schweiz die Existenz der letzten Steuerinsel auch für sich nutzen. Um mit unseren Problembanken das zu machen, was man in Alaska mit aufsässigen Bären macht. Nämlich sie auf eine entlegene Insel umsiedeln. Dann könnten wir, um die Tresore zu schonen, den Goldfranken einführen. Durchbricht doch das gehortete Edelmetall bereits die Stahlbetonböden der Kantonalbanken und wandert als goldener Nagel immer weiter dem weiß glühenden Kern unseres Planeten entgegen, um sich so wieder in den ewigen geologischen Kreislauf einzureihen.

Bingo Bongo mit King Kong

Plötzlich ist man im Nirgendwo. Der Phantomschmerz einer Trennung kann einen an den Rand des Wahnsinns treiben. Die seelischen Symptome ähneln denjenigen eines Opiatentzuges. Wer weiß, ob ich diesen Winter ohne die wattierte Jacke aus meiner geheimen Kiste der verbotenen Siebensachen überstanden hätte. Jetzt singen endlich die Amseln wieder ihre Freejazzsoli in den frühen Morgen und der laue Wind pudert mit aggressiven Pollen meine ramponierten Schleimhäute. Ich taue wieder auf, die Kälte kommt von innen heraus und dürfte mich wohl noch einige Zeit verfolgen. Der Affendämon, welcher mir jedes Mal, wenn ich meine, ihn losgeworden zu sein, wieder diesen eiskalten Mantel aus Truthahnhaut überwirft und mich von hinten attackiert wie ein wütender Schimpanse. Kein Äffchen wie der kleine »Ficki-Ficki«-Bonobo, den ich vor über fünfunddreißig Jahren im Goldenen Dreieck kennenlernen musste. Nachdem ich mich aus rein literarischem Interesse immer wieder von einer zwar hübschen, aber drogenabhängigen jungen Dame namens Nok zum Bongrauchen (eine Art Wasserpfeife) verführen habe lassen. In diesen Pfeifen verbrannten wir das legendäre Puder Chiang Mai Medicine Nr. 4 – zu viel »Ficki-Ficki« kann ganz schön an die Substanz gehen. Nach fünf Tagen war ich ihr Hauptkunde und aus dem Äffchen war ein veritabler Silberrücken geworden, der mich wie einen Gin Fizz im Cocktailshaker durchrüttelte, während der Monsun auf das Wellblechdach trommelte und sich Nok, obwohl sie mir ans Herz gewachsen war, mit zweihundert Dollar wie ich meinte für immer verabschiedet hatte. Mit zweiundzwanzig war ich noch ein Romantiker, befeuert von der Lektüre von Thomas de Quinceys *Confessions of an English Opium Eater* und Jean Cocteaus *Opium – Tagebuch eines Entwöhnten*. Mein *Gorillas-in-the-Mist*-Ausflug nach Chiang Mai war aus pharmakologischer Sicht wohl so etwas wie ein Freeride im Lawinenhang. Ich versuchte die Lage mit Gin Tonic und Chinin im Griff zu

behalten, weil ich irrtümlich meinte, ich hätte Malaria. Bis ich realisierte, dass ich mir eine üble Angewohnheit zugelegt hatte und mich zudem aus lauter Kummer wegen Nok mit Gonokokken infiziert hatte. Ich musste in ein Ambulatorium für »venereal disease«, zu einem gewissen Doktor Lee. Doktor Lee war eine Frau und ich drohte vor Scham durch den Kachelboden zu glühen, während sie gummibehandschuht, verächtlich blickend meinen Infektionsherd durch brutales Drücken untersuchte.
Sie: »Does it hurt?«
Ich: »No, it doesn't hurt.«
Sie: »Does it hurt?«
Ich: »No, it doesn't hurt.«
Sie: »Doesn't hurt?«
Ich: »Yes, it hurts!!«
Danach spritzte sie mir mit einer gigantischen Spritze Penicillin in mein sündiges Fleisch. Alles lief aus dem Ruder, als ich – wieder keimfrei – einige Zeit später in meinen lächerlichen Bermudashorts am damals noch beschaulichen Strand von Phuket schlotternd in die Dünung starrte, aus welcher ich in meinem Wahn King Kong auf mich zustampfen sah. Wahrscheinlich wäre ich hinausgeschwommen, hätte ich nicht vor meiner Abreise nach Phuket in der Lobby des Hotel Oriental in Bangkok Nok wiedergetroffen. Ein Blick in ihre Augen sagte mir, dass ihr Herz rein war wie der Schnee des Annapurna. Sie war anders. Ich wäre ins Wasser gegangen, genau an jenem Ort, an welchem Jahrzehnte später der Tsunami alles mit sich riss, hätte sie mich nicht minimum drei Mal am Tag in einen verzweifelten Ringkampf um Leben und Tod verwickelt. Pyrotechnische Ereignisse, welche mich ans Bett fesselten und mich vor lauter Erschöpfung daran hinderten, King Kong durch eine kopflose Flucht ins offene Meer zu entfliehen. Mein psychischer und körperlicher Zustand war ein Desaster. Ohne sie hätte ich es nicht mehr geschafft, mir Geld und Ticket zu organisieren,

um mich in der Universitätsklinik in Graz kurieren zu lassen. Von Nok habe ich trotz unzähliger Briefe nie wieder etwas gehört.

SOLANGE ER ROM NICHT ABFACKELT, FINDEN IHN ALLE LUSTIG

Ich begriff erst, wie ungeheuer bekannt ich bin, als ich das erste Mal nicht mit Büne Huber verwechselt wurde. Warum bleiben einige Promis weit über ihre Lebenszeit hinaus im kollektiven Gedächtnis haften, während andere in Vergessenheit geraten? Das fragte ich mich, als ich gerade auf dem WC saß. Dabei blätterte ich im *Blick* und blieb bei Berlusconis hängen. Veronica will sich, Silvios Vorliebe für Showgirls wegen, scheiden lassen. Warum ich, selbst scheidungserprobt, Berlusconis weiter mit meiner Aufmerksamkeit adelte, mag in meiner Schadenfreude begründet sein und darin, dass »Berlusca« doch immer wieder die eine oder andere originelle Idee ins Weltgeschehen einbringt.

So will er, an seiner Idee von den Campingferien in den Abruzzen festhaltend, die nächste G8-Party anstatt auf einem Luxusliner vor der Küste Nordsardiniens im vom Erdbeben zerstörten L'Aquila steigen lassen. Dort wären die Staatschefs zwar vor Freibeutern, aber nicht vor Nachbeben sicher. Das könnte zu Hirnerschütterungen führen und es würde wieder nichts aus der Weltrettung. An die Absichtserklärungen wird sich niemand mehr erinnern, an den Gipfel im IKEA-Container und Berlusconi als personifizierten Cäsarenwahn im Benigni-Format hingegen sicher. Den finden, solange er Rom nicht abfackelt, alle amüsant. Solche Prominenz schafften außer ihm in der jüngeren italienischen Geschichte nur Giulio Andreotti und Benito Mussolini. So dachte ich vor mich hin, als ich den Korken eines Proseccos durch das geöffnete Fenster hinaus in die Nacht knallen ließ – aus meiner geschichtsträchtigen, aber irgendwie schiefen Wohnung heraus, an welcher Mussolini einst mitgemauert hat, als er noch in Ostermundigen am Bau arbeitete und ein radikaler Sozi und noch kein Duce war. Schwer zu sagen, was aus Bella Italia geworden wäre, wenn er ein Maurer und Berlusconi ein Entertainer auf einem Kreuzfahrtschiff

geblieben wäre. Ihre Spuren hätten sich wahrscheinlich im Nebel der Geschichte verloren. Wie das Andenken an andere originelle Typen, welche auch irgendwann einmal durch die Weltpresse irrlichterten und trotzdem in Vergessenheit geraten sind.
Zum Beispiel die Reinigungskraft, die im Jahre 1986 in Düsseldorf aus lauter Pflichtbewusstsein Joseph Beuys' legendäre *Fettecke* wegputzte.
Oder jene Pfadfindergruppe, welche, ihrem Motto »Jeden Tag eine gute Tat« getreu, in Südfrankreich die Wände einer Höhle von jungsteinzeitlichen Malereien säuberte.
Oder jenes Hippiegirl, welches 1970 mit ihrem »Paint it black, paint it black«-Geschrei auf der legendären Get yer ya-ya's out-Aufnahme der Rolling Stones für alle Zeiten weiternervt, obwohl die Stones »Sympathy for the Devil« spielten. Was mag aus dem Mädel geworden sein? Vielleicht fährt sie heute einen Leichenwagen.
Wer wird der Onanisten gedenken, welche sich kürzlich in San Francisco an einem Masturbationswettbewerb beteiligten?
Wer pflegt das Andenken an die tapferen Matrosen, welche jüngst das Kreuzfahrtschiff MSC Melody vor der Kaperung retteten, indem sie Liegestühle (IKEA?) auf Piraten warfen? Auf diesem Dampfer fuhr ich auch schon. Als Teilnehmer der letztjährigen Bluescruise. Ein Ausschnitt des Konzertes wurde sogar von *SF1* ausgestrahlt. Der Song hieß lustigerweise »Pirat«.
Warum lässt Silvio den G8-Gipfel nicht auf der MSC Melody tagen? Die Crew wäre kampferprobt und Berlusconi könnte zur Belustigung »Buona sera Signorina« anstimmen.

Vielleicht versuche ich es mit einer 1.-August-Rede

Eigentlich meide ich Massenanlässe. Ich gehe höchstens zur 1.-Mai-Demo oder mit meinem Sohn an die BEA, dieser heimeligen Leistungsshow der Berner Wirtschaft. Wegen der Nutztiere, des Lunaparks und der Degustationen, durch welche wir uns jeweils zu fressen pflegen. Mit den ewigen Swimmingpoolpumpen und Minitraktoren können wir weniger anfangen. Diese Dinge sind doch wohl eher etwas für eine Sonderzone mit Park oder für Leute, die zu Hause ein Schwimmbecken oder wenigstens einen Whirlpool haben. In derlei Sprudelbädern bin ich allerdings wegen meiner Angst vor Virenbefall noch nie gelegen, weil sich höchstens Leute mit Bandscheibenproblemen oder Selbstmörder freiwillig allein in so einen Sprudeltopf setzen. Ich dusche lieber.
Interessanter für den Junior sind da schon die Kühe und die Säuli. Nie hätte ich mit der aufgebrachten Reaktion eines Säulizüchters wegen meiner 1.-Mai-Rede gerechnet, in welcher ich politisch unkorrekt die Finanzkrise mit der Schweinegrippe verglichen habe. Der erboste Landmann verwehrte mir sogar die Hartwurstdegustation. Die Branche fürchte wegen des Unworts Umsatzeinbußen. Außerdem seien die Säuli im Unterschied zu den Finanzprofis satt, wenn sie genug gefressen hätten. Und solange sie ausreichend Platz zur Auslebung ihres Spieltriebs zur Verfügung hätten, äußerst soziale Tierli.
So hielten wir uns halt an die Öpfelchüechli mit einem Kaloriengehalt, welcher einem Indianerstamm am Orinoco einen Monat lang über die Runden helfen würde.
Hernach ging's noch für zehn Franken auf eine dieser unvermeidlichen Idiotenschleudern, danach degustierten wir retour. Noch bevor der Ritt auf der Höllenmaschine absolviert war, plagten mich auch schon Zweifel an meiner 1.-Mai-Rede. Das Virus könnte sich andere Wege und Wirte suchen. Büssi, Hamster, Hundeli,

schwarze oder weiße Schafe oder gar Ziegen. Dann hätte die SVP ein Wahlkampfproblem auf der emotionalen Ebene, welche es in jeder Wahlkampfstrategie braucht, um das »Jööh, wie herzig!«-Wählersegment zu bedienen. Zottel, der Ziegenbock, das SVP-Maskottchen, dürfte nur noch mit Mundschutz auftreten. Wenigstens finde ich meine Vergleiche manchmal selber unpassend. Das ist halt der Unterschied zwischen einem linken und einem rechten Hofnarren.
Christoph Mörgeli empfindet die SVP-Plakatkunst wahrscheinlich immer noch als künstlerisch hochstehend, versuchte ich meine Aussagen für mich zu relativieren, während wir auf dem Riesenrad den Blick zum Jura hin schweifen ließen. Das erste Mal seit fünfunddreißig Jahren »Völker hört die Signale!« und gleich hört Christoph Mörgeli mit und wirft mir feixende, linke Demagogie vor. Nur weil unangeschnallt Autofahren momentan immer noch gefährlicher ist, als durch die Schweinegrippe zu Schaden zu kommen.
Mit dem Vorsatz, nie wieder eine 1.-Mai-Rede zu halten, torkelten wir schließlich – noch immer schwindlig vom Hardcorekarussell – nach Hause. Dort wartete bereits eine Mail eines mir bekannten Hobbyvirologen, welcher mir androhte, dass die Schweinegrippe nächstens zur Hasengrippe werden könnte, sofern ich weiter die Absicht hätte, abwertende Vergleiche zwischen der interessanten Welt der Viren und dem Börsengeschehen zu ziehen. Viren seien keineswegs nur primitive Wesen, deren einziger Daseinszweck die eigene Vermehrung ist, sondern im Gegenteil äußerst lernfähige, komplexe Organismen. Vielleicht versuche ich es nächstes Mal mit einer 1.-August-Rede.

Vom Everest auf den Napf

Ich ahnte, was mich erwarten würde. Der Schmerz des Auftauens, den ich monatelang gebannt hatte. Und während ich meinen vom Kühlschlaf steifen Körper den kurzen, aber steilen Pfad zum Napf hinaufwuchtete, um mir in der ersten Hitze des Frühlings den Kummerspeck und die Schlacken des vergangenen Winters von den Rippen zu schmelzen, erinnerte ich mich an die Verlassenheit angesichts der schneegleißenden Gipfel des Himalayas.

Als ich mich dereinst der dünnen Luft wegen mit hechelndem Atem, begleitet von einem Einheimischen, auf den Weg nach Tyangboche, dem höchstgelegenen buddhistischen Kloster Nepals, machte. Auf den großen Treck zum Fuße des Mount Everest. Der Newar war zugleich Führer und Träger und außerdem für unsere Verpflegung und die Beschaffung der Nachtquartiere verantwortlich.

Wochenlang gab es nur Reis und Linsen. Nur einmal gelang es uns, ein lebendes Huhn zur Aufbesserung des langweiligen Speiseplans zu organisieren. Dieses Federvieh wurde restlos verwertet. Der Nepali wusch sogar die Innereien und das Gedärm, welches er mit etwas Yakbutter in der Pfanne scharf anbriet und hernach mit großem Genuss verspeiste, während ich kaum einen Bissen hinunterbrachte. Weil ich es war, der dem blöden Vieh den Hals umdrehen musste. Der einheimische Führer war nämlich, wie die meisten Newari, Buddhist. So hielt ich mich halt an den Reis, zumal meine Verdauung ohnehin trotz der täglichen Einnahme von Rohopium völlig außer Kontrolle geraten war und mein Ansatz im Unterschied zu seinem kein alpinistischer, sondern ein spirituell therapeutischer war. Auch damals versuchte ich der Tortur des auftauenden Fleisches den Schmerz eines wochenlangen, anstrengenden Fußmarsches entgegenzusetzen. Um mich von jenem Kummer zu reinigen, welcher mich erst in diese verdammten Höhen getrieben hatte. Diese Tortur würde monatelang andauern, wenn sie überhaupt je aufhören würde.

In den kalten Nächten träumte ich, ich sei Sisyphus. Im Kampf gegen mein Gehirn, welches, auf ewig verdorben, sich einzig danach sehnte, die Alkaloide wieder in meine hungernden Zellen strömen zu lassen. Der Dämon, vor dem ich für den Rest meines Lebens auf der Hut sein muss. Verdammt dazu, den Stein immer wieder den Berg hinaufzurollen. Seitdem ich das erste Mal von jener bitteren Tinktur gekostet hatte, welche Theophrastus Bombastus von Hohenheim in Ermangelung anderer wirksamer Analgetika gegen so ziemlich alles einzusetzen wusste, was des Menschen Leben zum irdischen Jammertal macht. Ich glaube, der gute Paracelsus wusste um den Bärendienst, welcher er uns mit dieser Indikation erwies. Er gab uns damit alle Antworten und überließ uns Jünger des Schlafmohns gleichzeitig jenem tiefen Schmerz, für welchen man niemanden mehr verantwortlich machen kann, weil sich die verrückten Synapsen unheilbar verselbstständigt haben und einem nur zwei Möglichkeiten lassen: das Gift oder »die Gesundheit mit diesem gähnenden Loch und einer grenzenlosen Traurigkeit. Die Ärzte überantworten uns in aller Biederkeit dem Selbstmord ...« (Jean Cocteau).
Obwohl mein innerer Himalaya sich mit den Jahren zum Napf verkleinert hatte, ergriff mich doch, nach meinem Berggang auf einer Terrasse sitzend, eine gewisse Hoffnungslosigkeit, während ich diese Zeilen zu Papier brachte. Bis ich dieses Mädchen in ihrem luftigen, fast transparenten Sommerkleid, die Pumps in der Hand, barfuß über die taufrische Wiese schweben sah und plötzlich wieder Leben in meine Zellen strömen spürte.

HÄTTE ICH EIN NACKTWANDERSEMINAR BUCHEN SOLLEN?

Gibt es einen spirituellen Ausweg aus der Krise oder müsste man bloß die Ressourcen besser nutzen, fragte ich mich, als ich jüngst vom Rosengarten den Aargauerstalden hinab zum Bärengraben wanderte. Dieser ist, obwohl mittlerweile ohne Bären, immer noch das Wahrzeichen Berns. Man könnte ihn doch einer anderen Nutzung zuführen, ging es mir durch den Kopf, die sinnlos in die Bärengruben starrenden Touristen beobachtend.
Zum Beispiel als mit einer Glaskuppel überdachte Sonderzone für obdachlose Reiche. Jetzt, nachdem das Obwaldner Reservat hinfällig geworden ist und die Reichen, der Pauschalbesteuerung wegen, aus Zürich flüchten. Auch frisch zugezogene Golden-Hello-Bezüger ohne Wohnsitz könnte man im Bärengraben unterbringen. Weil der Wohnraum für Gutbetuchte in den Kantonen Schwyz, Zug und Thurgau schön langsam knapp wird. Bei einer solchen Transparenz ihrer täglichen Lebensabläufe könnten Sehrgutverdienende demonstrieren, dass sie auch nur Menschen sind wie du und ich. Arbeiten, fressen, saufen, kopulieren und sterben. Damit könnten Vorurteile aus der Welt geräumt werden, welche seit der Finanzkrise Neid, Hader und Spaltung in die Eidgenossenschaft gebracht haben. Falls sich nicht genügend Reiche finden ließen, könnte man die freien Plätze in der Grube mit deutschen Arbeitslosen auffüllen. Die kriegen von ihren Arbeitsämtern immerhin achttausend Euro als Golden-Goodbye, wenn sie nur Leine ziehen und sich in der Schweiz einen Job suchen. Wenn wir die alle aufnehmen könnten, würde sich das auch für uns rentieren, rechnete ich die 3,458 Millionen deutschen Arbeitslosen mal achttausend Euro, während ich meine Schritte in Richtung City West lenkte, um mich dort im zweiten Untergeschoss einer Tantralehrerin anzuvertrauen. Wollte mich nur schnell über Mittag in die Geheimnisse der Lingam-Massage einführen lassen. Die Adresse hatte ich von

einem von der Finanzkrise aus der Bahn geworfenen befreundeten CEO erhalten, welcher mir anriet, mittels einer spirituellen Grenzerfahrung meine materialistischen Versteifungen aufzubrechen, um den nervlichen Anforderungen der Krise und meinen Steuerrechnungen seelisch besser gewachsen zu sein. Dabei muss ich betonen, dass mein Ansatz kein erotischer, sondern ein spirituell therapeutischer war. Streng genommen handelte es sich um eine zweihundert Franken wertige Chi-Kung-Selbstbefriedigungsübung, bei der es darum geht, nicht zu ejakulieren, weil die Taoisten glauben, dass mit dem Sperma Energie vergeudet wird. Nach einer ausgiebigen Hodenmassage, welche eine gute Übung zur Produktion sexueller Energie sein soll (das wirkt super, sieht man doch an Silvio Berlusconi, der langt sich beim Reden auch immer an den Schritt), legte ich mich nackt, von sanfter Meditationsmusik stimuliert, auf eine Matte und fing an zu onanieren, wie mir von der Meisterin geheißen ward. Kurz vor dem Höhepunkt hörte ich jeweils auf, bis Langeweile aufkam und ich mir – den Klangschalen lauschend – ausmalte, was ich mit der Lehrerin alles anstellen würde, wenn es nicht verboten wäre. Danach landeten meine Ressourcen völlig unplanmäßig auf dem Teppichboden und ich war gottefroh, als die Lingam-Massage endlich vorüber war. Mit schamroten Ohren, spirituell kaum erbaut und mit bohrendem Zweifel an der Seriosität dieses komplementärmedizinischen Angebotes hastete ich ins Freie. Mit dem festen Vorsatz, das nächste Mal entweder ein Nacktwanderseminar im Appenzell oder einen Kurs in Feuerlaufen zu buchen.

SONNENTANZ

Ehrlich gesagt war ich überrascht vom befreienden Effekt einer kürzlich gemachten tantrischen Erfahrung. Noch zwei Wochen später spürte ich die materialistischen Versteifungen von mir abbröckeln. Ich hatte aufgrund einer nicht geplanten Pollution seelische Läuterung erfahren, obwohl diese durch die Aktivierung dreckiger Fantasien hervorgerufen worden war. Für die Kursgebühr hätte ich mir zwar gleich eine professionelle Berührerin vom Russian Escort engagieren können, das Spirituelle wäre dabei aber sicher zu kurz gekommen. Dies dachte ich mir, nachträglich noch immer amüsiert, als ich mich plötzlich des strengen Geruches im Tantrastudio im zweiten Untergeschoss des Berner Nullortes City West erinnerte.
Dieses Vierkant sollte man zum Denkmal des unbekannten Architekten weihen. Bern hat, abgesehen von der Altstadt, architektonisch nicht viel zu bieten. Die Qualitäten dieser Stadt liegen oft im Unspektakulären und sind manchmal nur auf den zweiten Blick zu entdecken. Sinnierend, meinen täglichen Gin Tonic schlürfend, ließ ich den Blick über meine Stadt schweifen und stellte fest, dass die Form der unteren Altstadt von der Terrasse des Restaurants Rosengarten aus an eine Yoni (in Sanskrit: die weibliche Scham) gemahnt. Zeitgleich mit dieser Entdeckung zog ich mir per iPod die neue Single *Sunne* von Kutti MC rein und fühlte mich erleuchtet. Lag es an der euphorisierenden Wirkung des Songs oder an dem eigenartigen Drink, auf den ich von einigen im Park herumlungernden Hip-Hoppern eingeladen worden war? Auf alle Fälle verspürte ich plötzlich eine Art Fluggefühl, ein himmelhohes Jauchzen, welches dafür verantwortlich war, dass ich meinen neuen Panamahut in die Büsche segeln ließ. Das Schattenspiel der Bäume fing an, auf mich zu wirken wie ein Stroboskop. Beinahe enthemmt befreite ich mich tanzend meines hundertvierzigfränkigen Signum-Hemdes. Der keltischen Wassergöttin Lika opferte ich, indem

ich meine sechshundert Franken teuren, rahmengenähten Kalbslederschuhe im Brunnen versenkte. Hose, Unterwäsche, Socken und Portemonnaie warf ich dem Bärengott Matunus zuliebe zu den Touristen in den Bärengraben. So huldigte ich, nur noch mit meiner Ray-Ban und am linken Handgelenk mit der Tag Heuer bekleidet und die Altstadt hinauftänzelnd, der Sonne. Über mein Geschlecht hatte ich mir, um nicht als Exhibitionist zu erscheinen, eine leere Parisienne-Schachtel gestülpt. Die letzten Zigis hatte ich mir hinter die Ohren geklemmt, das Feuerzeug sonst wohin. Auf der Höhe des Erlacherhofes begegnete mir unser Stadtpräsident Alex Tschäppät.
»Super, Endo, du hast ja abgenommen!«, rief er mir hinterher, und er muss es ja wissen, kennt er mich doch nackt von einer feuchtfröhlichen Paella-Party am Murtensee.
»Muss fit sein, Lexu, weil wir nächstens aufnehmen!«, ließ ich den leicht verwirrten Magistraten stehen und tanzte mich durch die Menschenmasse bis zur Schützenmatte. Dort wähnte ich mich unauffälliger. Jeder würde glauben, dass ich mit dem Car zu einer Nacktwanderung ins Appenzell oder nach Leutschenbach zu einem Casting des Schweizer Fernsehens für die nächste Nacktwanderer-Doku fahren will.
»Was machen Sie da mit dieser Zigarettenschachtel?«, wurde ich von einer Polizeipatrouille gestoppt. Ich versuchte der Beamtin klarzumachen, dass ich mit meiner Aufmachung bloß gegen das ab dem 1. Juli geltende Beizenrauchverbot protestieren wolle.
»Sie brauchen wohl Ferien, Herr Anaconda?«, frotzelte die hübsche Beamtin schalkhaft.
»Ja, bitte verhaften sie mich!«, stimmte ich ihr zu.

Bin ich am Ende auch nur Biomasse?

Walter, so heißt mein klappriges, achtzehnjähriges Cabrio, gab röchelnd auf dem Weg nach Zurzach alles. Den Ellbogen lässig zum Fenster, die Ray-Ban auf der Nase, kam ich mir vor wie Dustin Hoffman in *Die Reifeprüfung* oder gar wie James Dean. Im altersschwachen Kassettenrekorder eierte knisternd Bob Dylans »Forever Young«. Ich fühlte mich gut, halbstark und jung. Dies, obwohl ich in Güzin Kars Film *Fliegende Fische* einen Dreiundfünfzigjährigen aus dem Kontaktanzeigenmilieu spielen sollte. Ich hatte auf einem Sofa sitzend drei Sätze zu sagen. Nämlich:
»O.f.I., das heißt ohne finanzielle Interessen.«
und
»Mann im besten Alter, nicht ganz frei, sucht nette Frau für schöne Stunden. Nur tagsüber, dafür oft und o.f.I.«
Güzin meinte, ich hätte das toll gemacht, die Rolle sei mir auf den Leib geschrieben. Das schmeichelte mir als Nachwuchsschauspieler, andererseits aber kratzten diese Worte an meinem altershalbstarken Selbstbewusstsein. Während ich versuchte, Güzins Aussage richtig zu deuten, spürte ich nämlich schon die Auswirkungen des Fahrtwindes auf meine morschen Knochen. Ächzend wuchtete ich mich aus dem Sofa hoch, während mein Rückgrat knirschte wie eine alte Zahnradbahn. Daraufhin folgte dieses Zucken in den Lenden, mit welchem sich der Ischiasnerv jeweils für die nächsten paar Tage anzukündigen pflegt. Eigentlich wollte ich den bretterhart gefederten Roadster ja verkaufen, aber für das Geld, das mir dafür geboten wurde, lasse ich mich lieber weiter von den Porschefahrern belächeln. Der ideelle Wert des MX-5 bewegt sich für mich mindestens im fünfstelligen Bereich.
Ich tröstete mich mit einem Abendessen im Panoramarestaurant des Hotel Turm in Zurzach und gönnte mir diätisch korrekt Waldorfsalat mit Hirschschinken, Hirschsteak ohne Spätzle und ein Käseplättchen. Zwischen den Gängen fuhr ich jeweils mit

dem Lift sechzehn Stockwerke hinunter, um zu rauchen. Ich kam mir vor wie ein Junkie und wurde vom Nachbartisch aus skeptisch beobachtet. So sah ich mich immer enden, ging es mir beim Anblick der vielen Spitalzimmer durch den Kopf, die ich vom sechzehnten Stock aus deutlich einsehen konnte. Gelangweilt lauschte ich meinerseits dem Geplapper meiner allesamt in beige gekleideten Tischnachbarn. Die redeten die ganze Zeit nur über den Wertverlust ihrer Aktien. Wenn ich nur noch finanzielle Interessen hätte, würde ich mich aus lauter Langeweile vielleicht auch beige einkleiden, sagte ich mir, während ich, mittlerweile mit geschlossenem Verdeck, durch die nächtlich gärende Landschaft wieder zurück nach Bern rollte. Im Geiste sah ich als Horrorvision, wie sich die mit Kuhdung gesättigte Landschaft unter meinen Rädern als riesige Blase aufwölbte. Ich fürchtete, die im Boden fermentierenden Nährstoffe könnten sich als geologischer Methanfurz spontan entladen und dem Weltklima endgültig den Rest geben. Bin ich nur Biomasse und repräsentiere am Ende bloß einen Heizwert?, fragte ich mich, während die Rohkost ihre Wirkung tat und sich alle paar Minuten das Stoffdach von innen nach außen blähte. Sofort hirnte ich an einem methanbetriebenen Motor für Walter herum. Man könnte ja in beiden Sitzen Deflationstrichter anbringen, um die während des Fahrens abgegebenen brennbaren Gase über eine Leitung einem Tank zuzuführen. So wären die unnötigen, den Rücken schädigenden Cabriofahrten wenigstens klimaneutraler.

Vom Scapa gezeichnet

Was tun, wenn einem die Leber wie ein Bleibarren im Oberbauch liegt und forsch einen gesünderen Lebenswandel anmahnt? Schwierig für einen Bohemian, dem seine Lieblingsbar zum Zuhause geworden ist. Will man für eine Zeit lang dem Alkohol entsagen, erträgt aber seelisch das Fehlen der gewohnten fröhlichen Geselligkeit nicht, so steht man sehr bald vor der Qual der Wahl des richtigen Getränks. Limo macht übergewichtig und peitscht den Blutzucker in die Höhe, dieser kandiert dann die Blutgefäße von innen. Das ist mit der Zeit tödlich. Nach der Verwesung bleiben nur Knochen und ein Haufen Zuckerwatte übrig. Vom Clausthaler muss ich alle Viertelstunde für kleine Jungs und das ist mir peinlich, weil ich mir dann überlege, was die Leute wohl wieder über mich denken mögen. Coci gibt es mittlerweile als Zerovariante. Diese Brause mag ja einst, nach der ursprünglichen Originalrezeptur gebraut, noch eine belebende Wirkung gehabt haben, ist aber mit der Nullvariante endgültig zum Placebomittelchen geworden und müsste somit eigentlich von der Krankenkasse berappt werden. Als Ersatzdroge für Cocasüchtige.
Red Bull meide ich nicht der Wirkung, aber des Aromas wegen. Es erinnert mich an den Geruch eines preislich reduzierten Postens aromatisierter Noppenkondome, welche eine verflossene Zufallsbekanntschaft für alle Fälle (sicher ist sicher) in meinem Badezimmer deponiert hat. Die Menge entspricht dem Jahresbedarf eines Swingerclubs.
Kräutertee wäre eine Alternative, sofern man den therapeutischen Ansatz bedenkt. Leider assoziiere ich beim Anblick ausgedrückter Teebeutel ein Etwas, dem zuliebe man in den meisten öffentlichen Toiletten Hygienesäckleinspender montiert hat. Wer kippt schon einen Lindenblütentee als Treibstoff für einen heißen Abend? Diesen Drink würde ich mir als Pandemieopfer kredenzen oder

als Sundowner für die Selbsthilfegruppe traumatisierter Kettenraucher (STK), welcher ich nächstens beizutreten gedenke.

So halte ich mich an das Koffein, das wirkt wenigstens anregend. Nach dem fünften Espresso kriege allerdings sogar ich Herzflattern. Vielleicht liegt das gar nicht am Alkaloid selber, sondern an der dispersionsartigen Substanz, die man sich hierzulande in den Espresso träufelt, weil einem viele der einheimischen Gastromischungen im Unterschied zu den italienischen Röstungen sauer aufstoßen. Der Kaffeerahm mildert zwar das Sodbrennen und hellt den Kaffee, aber nicht unbedingt die Stimmung auf. Es gibt ohnehin keine Flüssigkeit, welche an die belebende Wirkung einiger Gläser guten Whiskys heranreicht. Zum Beispiel an den Effekt eines tollen vierzehnjährigen Scapa von den Orkney Islands. Dieser wärmt von innen und hebt die Stimmung. Am nächsten Tag fühlt man sich dann allerdings vom Scapa gezeichnet. Sollte sich der Humor der fröhlichen Bande immer weiter vom eigenen entfernen, entschließt man sich am besten zu einem Glas Wasser und zur Flucht. Weil Betrunkene unerträglich sind, wenn man selber nüchtern.

Ursula Andress war leider unpässlich

Nach dem fünften Mandelbärli hatte ich mich endlich bis zum neuen Bärenpark durchgekämpft. Tränen der Rührung versalzten mir das sechste Bärli aus der Großpackung, während ich fasziniert auf die einzige Bärin starrte, welche sich an diesem Tag sehen ließ. Wahrscheinlich, weil die Anlage aussieht wie die Lawinenverbauung von Zermatt im Sommer. Als sich die Blicke der Bärin für einen kurzen, magischen Moment mit den meinen trafen, meinte ich in ihren Augen einen flehenden Ausdruck zu erkennen. Als ob sie mich bitten wollte, ihr das letzten Mandelbärli ins Gehege zu werfen. Erschöpft und durstig beschloss ich dann, mich für den Rest des Sonntags an der Bar des Gasthofs Bären in Ostermundigen von einigen Stangen Bier emotional stützen zu lassen. Die allgemeine Bäromanie stand mir nämlich bis oben. Andere Orte mit einer Tierbezeichnung im Namen könnten sich einen solchen Aufwand finanziell gar nicht leisten, selbst wenn sie ihr Namenstier im Wappen führen sollten.

Affoltern am Albis zum Beispiel müsste, würde es einen Laboraffen im Schilde führen, ein Schimpansorama erstellen.

Das im Kanton Schwyz am Pragelpass 1132 Meter hoch gelegene Richisau müsste, hätte es eine Sau im Wappen, zum Sonderareal für Reiche umgezont werden oder zum tiergerechten Gehege für jene Hängebauchschweine, die seinerzeit bei der Trennung Christina Surers von Jürg Marquard zu Scheidungsopfern geworden sind, um nicht als Kaff ohne potente Steuerzahler oder sogar als Tierquälerdorf zu erscheinen.

Plötzlich kamen mir Zweifel am Sinn der neuen Anlage. Wäre es nicht besser und billiger gewesen, das Bärengehege im Dählhölzli zu erweitern und mit dreißig bis sechzig Bären zu bevölkern? Mit diesen hätte man so im Monatsturnus den alten Bärengraben besetzen können. Die Mutzen hätten sich dann einmal im Monat mit Äpfel, Rüebli, Feigen und Süßigkeiten den Ranzen vollstopfen können, um daraufhin für den Rest des Monats wieder im Tierpark ausgewildert zu werden. Das käme günstiger, dachte ich mir, während ich mir im Bären das erste Bier durch die Kehle rieseln ließ. Das zweite Glas trank ich in Gesellschaft einer seltsamen, mit einem Felloverall bekleideten jungen Dame, welche mir alsbald als isländische Sängerin Namens Björk vorstellig wurde. Auf meine Frage, ob sie beabsichtige, im Stade de Suisse ein Konzert zu geben, erzählte sie mir, dass sie als Ersatz für die leider unpässliche Ursula Andress zur Eröffnung des neuen Bärenparks als Bärendarstellerin engagiert wurde. Sie als Isländerin müsse aufgrund der Finanzkrise jedes Engagement annehmen. Der Beruf des Tierdarstellers sei halt schwierig, tröstete ich sie. Ich selber habe vor einiger Zeit in einem Werbespot für Schweizer Obst und Gemüse die Rolle eines Berner Sennenhundes namens »Bäri« spielen müssen. Das mit dem Kostüm sei ja noch gegangen, aber als es dann wochenlang nur Äpfel und Rüebli gab, sei der andere Hauptdarsteller des Spots, eine Gans, plötzlich spurlos verschwunden.

Minarette liessen sich wie Teleskopantennen konstruieren

Ich meide, obwohl katholisch getauft, konsequent die unmittelbare Nähe christlicher Sakralbauten. Das Geläut der Kirche St. Stefan in Südkärnten, in deren Nähe ich meine frühe Kindheit verbrachte, ist wahrscheinlich für meine heutige Gehörschwäche verantwortlich. Damals hielt ich die Glockenschläge für gottgewollt. Zum Zwecke der Warnung vor den türkischen Reitern, die ja zwischen 1473 und 1483 mehrmals bis nach Kärnten vorgedrungen waren und bis heute als Schreckgespenst in den Köpfen der Leute weiterspuken. Der Kirchturm diente auch als eine Art göttliche Zeitansage. Die wenigsten Leute besaßen damals eine Uhr, die meisten orientierten sich nach dem Schlag der Turmglocke. Da stand ich mit meiner automatischen Eterna ziemlich elegant da. So erinnerte ich mich jüngst – einen leichten Tinnitus im Ohr – der dröhnenden Glocken von St. Stefan, während ein Schluck türkischer Kaffee sich seinen Weg durch meine Speiseröhre schmolz. Die Gewissheit, dass mein Auto im Parkverbot stand, hatte mich aus den Federn getrieben. Mein Blick wurde durch das westlich liegende Bürohochhaus der Swisscom verstellt. Ich wohne in einem multikulturellen Quartier ohne Glockenturm und fühle mich sehr wohl. Die Nachfahren der Osmanen sind schon lange in Ostermundigen angekommen. In der Nähe befindet sich ein islamischer Gebetsraum, welcher seinerzeit im Vorfeld der Eröffnung wegen der Parkplatzproblematik Anlass zu politischen Gehässigkeiten geboten hatte. Dort beten die Muslime zum einzigen Gott, der uns aufgetragen hat, uns kein Bildnis von ihm zu machen. Nun, mit dem Glauben an Gott tue ich mich schwer, obwohl wir nie aufgehört haben, miteinander zu reden. Manchmal erzählt er mir sogar einen jüdischen Witz. Auf meine Frage, ob es notwendig sei, sakrale Hochbauten zu errichten, meinte er bloß, dass ihm jedes Mittel recht sei, um die Nähe der Menschen zu ihm zu fördern. Er sei für alle Menschen aller

Konfessionen immer gesprächsbereit, sogar in einer Tiefgarage. Für Parkplätze sei er nicht zuständig, dazu fehle ihm nun wirklich die Zeit, und über Architektur wolle er sich sowieso nicht äußern, solange die Swisscom solche Klötze in die Gegend stellen darf. Während ich kurz darauf den Passat aus dem Parkverbot manövrierte, um nicht wieder vierzig Franken an die Gemeindepolizei Ostermundigen abdrücken zu müssen, kam mir die zündende Idee, wie man den Muslimen das Recht auf ihre Minarette zugestehen könnte, schließlich herrscht bei uns ja Religionsfreiheit: Man sollte, dem Gleichheitsgedanken folgend, die Gotteshäuser aller Konfessionen, einschließlich des Berner Münsters, unter den Boden verlegen und erst bei Bedarf mittels Hydraulik wieder ausfahren. Das würde mehr öffentlichen Raum schaffen. Außerdem würden im Benützungsfall unter den Gotteshäusern Hohlräume entstehen, die praktischerweise als temporäre Tiefgaragen zu nutzen wären. Minarette ließen sich ähnlich konstruieren wie einziehbare Autoantennen. Das würde Parkplatzprobleme von vornherein ausschließen.

Nur halb so berühmt

An unseren Gesichtern erkennen wir uns gegenseitig wieder. Leider! Mich nervt das außerhalb der Arbeitszeiten. Ich zog deshalb schon in Erwägung, mir für fünftausend Dollar in Rio de Janeiro eine neue Fresse verpassen zu lassen. Jüngst verwechselte mich im Bus ein NY-Kappenträger gar mit einem Erfolgsrapper. Dieser Trittbrett-Hip-Hopper behauptete steif und fest, ich sei Greis, was ich vehement verneinte. Zudem bot er mir seinen Sitzplatz an, was eine Identitätskrise bei mir hervorrief.
»Ah, Moment einmal, jetzt hab ich's ...«, die Gedankenpause nutzte der Unschlüssige, um mit seinem wippenden Zeigefinger auf mich zu zielen, »... Sie sind der Stress, wollte ich sagen! Wie geht's denn der Melanie?«
Er habe mich an meinem Hut erkannt. – Auf diesen Gedanken kann man normalerweise nur kommen, weil Schifer Schafer vom Gesicht her der große Bruder von Melanie Winiger sein könnte, obwohl er doch angeblich der Cousin von Claudia Schiffer sein soll. Ich beschloss, für den Rest der Fahrt eisern zu schweigen und gute Miene zum bösen Spiel zu machen, während dieser Mensch mir weiter von Melanie Winiger vorschwärmte, von welcher er meinte, dass sie Tisch und Bett mit mir teilen würde. Dieser Gedanke gefiel mir zwar irgendwie, trotzdem war ich froh, als ich dann endlich aussteigen konnte. Der Typ stresste. Zum Abschied gab ich ihm ein gefälschtes Autogramm und den Ratschlag, nicht so viel »Bligg« (sic!) zu lesen, mit auf den Lebensweg.
Schlagartig kam mir die Erkenntnis, dass ich nur halb so berühmt bin. Mich erkennt man nur am Hut und nicht einmal dann richtig. Wirklich berühmten Leuten wie zum Beispiel Hans-Rudolf Merz passiert so etwas nicht. Obwohl er mich immer wieder an Louis de Funès in seiner bekanntesten Rolle als »Balduin, der Trockenschwimmer« erinnert. Einer inneren Eingebung folgend, stopfte ich meinen brandneuen Winterhut, ein rehbraunes, kurzkrempiges

Modell aus Alcantara, in den Migros-Sack zum toten Fisch, den ich fürs Abendessen eingeplant hatte. Ich beschloss, für den Rest des Abends inkognito abzutauchen. Als normaler Mensch unter normalen Menschen. Die Lust zu kochen war mir augenblicklich vergangen, als ich, befreit von jeglichem Ertappungsstress, die nächstbeste Pizzeria ansteuerte, um mir einen kalorienstrotzenden Backfladen mit Prosciutto und Funghi reinzuschieben.

Außer mir und dem Pizzaiolo war nur ein älterer Biertrinker im Lokal, der auf einen tonlos flimmernden Flachbildschirm starrte, bevor sein Blick an mir haften blieb. Seine sich jäh weitenden Pupillen offenbarten mir, dass er mich enttarnt haben musste. Flucht war zwecklos.

»Super, was Sie machen!«, meinte er, mir seine Pranke entgegenstreckend, und ob ich denn wieder einmal in der Nähe auftreten würde?

»Ja, am 31. Januar und 1. Februar 2010 in Zürich, im Moods«, entgegnete ich ihm, gerührt von so viel echter Bewunderung. Ich könne ihn ja auf die Gästeliste setzen. Außer sich vor Freude, outete er sich als Peach-Weber-Fan. Vor allem »Öberall heds Pilzli draa« fände er toll.

2010

Am 12. Januar bebte in Haiti die Erde. 316 000 Tote, 310 000 Verletzte und 1,85 Millionen Obdachlose. Der Leerwohnungsbestand in der Schweiz beträgt 36 713 Wohnungen und man spricht hier von Wohnungsnot.

Spanien wurde Fußballweltmeister. Der SVP gelang es, Minarette in der Schweiz zu verbieten. Zum Glück vergaßen sie aber die Perser- und Gebetsteppiche, die man ja nach Bedarf auch als eine Art Roll-Minarette einsetzen könnte. Die Religionsfreiheit blieb Gott sei Dank damit gewährleistet. Danach schossen sich die Scharfmacher aus Zürich auf unsere in der Schweiz arbeitenden Deutschen ein. – Minarette sich, wer kann.

VBS-Chef Ueli Maurer, welcher uns die beste Armee der Welt versprochen hatte, findet im Wallis in einem aufgelassenen Stollen vierhundert vergessene Schützenpanzer. In Island brach der Vulkan Eyjafjalla aus und legte den Flugverkehr für Tage lahm.

AC/DC rockten mit »Highway to hell« das Stade de Suisse, derweil BP den Golf von Mexiko mit Erdöl flutete.

Kein Wunder, erkrankte ich an akuter Kolumnitis.

WÄRE DER HINDUISMUS EINE ALTERNATIVE?

Es habe ihn »betroffen« gemacht, dass ich mich im Fernsehen öffentlich gegen das Minarettverbot geäußert habe, schrieb mir jüngst ein Herr Willi S., Präsident der SD Thurgau. Der Islam sei nämlich eine »absolut primitive Steinzeit-Ideologie, die verboten gehört«. Dem Schreiben beigelegt war auch eine Broschüre mit einseitigen, aus dem historischen Zusammenhang gerissenen Textzitaten, mit welchen indirekt alle Muslime des Terrorismus bezichtigt werden. Deswegen sei er gegen den Bau von Minaretten. Mit ähnlicher Begründung könnte man, den »Hexenhammer« zitierend, die Einebnung aller christlichen Kirchen in diesem Lande verlangen.
Wegen der Hexenverbrennungen, Zwangschristianisierungen, Judenpogrome usw. Mir ging es einzig und allein um das verfassungsmäßig zugesicherte Recht auf Glaubensfreiheit. Ich selber bin durch den vierjährigen Zwangsaufenthalt in einem katholischen Internat religiös absolut geläutert und zur Überzeugung gekommen, dass es arrogant wäre, mir Gott gegenüber eine unsterbliche Seele anzumaßen. Als Freidenker überlasse ich, frei

nach Heinrich Heine, den Himmel gerne den Engeln, den Spatzen, der Swiss, der NASA und Bertrand Piccard. Nach meinem Ableben wäre ich bitte gerne tot und damit basta. Dann kann ich mir wenigstens den Buddhismus ersparen. Ich verstehe bloß nicht, wie man sich wegen ein paar Gebetstürmen derart ereifern kann. Andere Sakralbauten werden ja auch toleriert, auch wenn sie auf den ersten Blick nicht unbedingt in die Landschaft passen. In Münchenstein, Baselland, zum Beispiel erblickte ich vor einiger Zeit einen orthodoxen Kirchenbau, der mir mit seinen Zwiebeltürmen irgendwie landschaftsfremd vorkam. Ich wähnte mich wie im Film *Doktor Schiwago*. Auch das Goetheanum in Dornach ist gewöhnungsbedürftig. Es gemahnt von außen eher an einen Bunker als an einen spirituellen Weiheraum. Niemand scheint sich daran zu stören. Mir persönlich gefallen am besten die Kirchen gotischer Bauart, obwohl man den Mailänder Dom heute wahrscheinlich auch anders errichten würde. Mit einer Knautschzone. Frustriert, weil unverstanden, warf ich die Post ins Altpapier.

Wenig später lenkte ich meine Kutsche durch das Schneegestöber in den hintersten Winkel des Emmentals. Dort hoffte ich, innere Einkehr zu finden. Das welke Land schlief unter einem weißen Duvet und die Eiswürfel im Glas machten mal wieder »bling, bling«, während ich beobachtete, wie die Milchkühe meiner Gastgeber übermütig durch den Schnee tobten. Ich fühlte eine seltsame Ergriffenheit. Kühe haben für mich etwas Mütterliches, ja, Heiliges. Liegt es daran, dass ich als Baby nie genug Muttermilch bekam? Nur Brei, zerdrückte Bananen und Kuhmilch. Reagiere ich deswegen so infantil auf tief ausgeschnittene Dekolletées? Vielleicht wäre der Hinduismus die passende Staatsreligion für die Schweiz. Die Kühe sind bei uns ja schon heilig, sonst würden wir sie wohl kaum subventionieren.

FÜR DEN REST DER REISE STARRTE JÜRG HALTER NUR NOCH ZUM FENSTER HINAUS

Fehlt mir der Appetit, weil ich seit Silvester meinem rötlich fluoreszierenden, auf den 9.1.2010 datierten, sich in der Plastikfolie blähenden Notfallkäse beim Verfall zusehe? Oder kommt der Ekel von einem Psychoflashback, das ich mir vor einigen Jahren mit einer fehlgeschlagenen Meskalintherapie zur Bekämpfung meiner Fressattacken eingehandelt habe? Abwechslungsweise auf eine Plastikbox mit Chickencurry-Sandwiches und auf die eigenwillige Fassade der Autobahnraststätte Pratteln starrend, war ich damals der Meinung, eine Geheimgesellschaft schicke sich an, alles organische Material in Plastik zu verpacken, um die Aromen aus der Welt zu verjagen. Seither plagt mich die Vorstellung, aufgestaute Gärgase könnten eines Tages unsere Zivilisation sprengen und der über Jahrzehnte angestaute Gestank könnte sich infolge einer Kettenreaktion mit einer einzigen Verpuffung in der Atmosphäre verbreiten und das Weltklima endgültig ruinieren.

Gegen diese Angstzustände habe ich mir Verhaltensstrategien zugelegt und vermeide so die Risiken einer weiteren Selbstmedikation durch MDMA oder LSD 25. Super nützt zum Beispiel das genüssliche Abbrennen einer Montecristo und der gleichzeitige Genuss einer Flasche Syrah aus dem Wallis. In diesem Rebensaft geben sich die Aromen von Dörrzwetschgen, Vanille, postkoitalem Kettenrauchen, Kaminfeuer und einem Hauch verbranntem Pneu ein Stelldichein.

Dann denke ich makabrerweise jeweils an Niki Lauda oder an mein großes Idol Jochen Rindt, den legendären österreichischen Formel-1-Piloten.

Um den luftdicht verpackten Zwischenverpflegungen aus den Autobahntankstellenshops zu entgehen, reise ich mit dem Zug und kann mir so notfalls im Speisewagen die nötigen Kalorien verschaffen, um mein Publikum zwei Stunden lang unterhalten zu können. So ließ ich mich jüngst etwa von meinem Dichterfreund Jürg Halter auf dem Weg nach Zürich im Zugrestaurant – geködert von dem Elvetino-Motto »Quality, our passion« – zu einem Saisongericht, »Aargauerbraten« mit Pflaumen, Sauce und Kartoffelstock, zum stolzen Preis von Sfr. 26.70 verleiten. Das Gericht war warm, leider aber mickrig bemessen. Die Hälfte reichte gerade aus, das tiefe Loch, welches ich seit dem Verlust einer Plombe im Munde herumtrage, zu stopfen. Ich meinte zu verhungern und protestierte lautstark.

Der arme Koch fühlte sich unschuldig und verschwand beleidigt in der Kombüse. Kurz darauf schwenkte er triumphierend zwei verschweißte Beutel vor meinem Gesicht, welche mich an eine kürzlich gesehene TV-Dokumentation über illegalen Organhandel erinnerten.

»I nid mache!«, verteidigte sich der gute Mann mit südosteuropäischem Akzent gegen mein verbales Wüten. »Selber luege, das Saison, i nume schaffe!«

Für den Rest der Reise starrte Jürg nur noch zum Fenster hinaus, als ob er mich nicht kennen würde.

MUNDART

»Verdammter Kuhschweizer!«, brüllte der BMW-Fahrer, auf mein Schweizer Nummernschild deutend, während ich noch immer den Stadtplan von Freiburg im Breisgau studierte. »Ja dann schicken's doch die Kavallerie, Sie Piefke!«, gab ich ihm österreichisch gefärbt zurück. »Ha, noch schlimmer, ein Ösi-Schluchtenscheißer!«, flippte der Blitzkrieger endgültig aus, indes ich seinen rechten Fuß überrollte. Das schloss ich jedenfalls aus seinen sich jäh weitenden, fassungslosen Augen, bevor ich ihn humpelnd auf dem frei gewordenen Parkplatz im Rückspiegel kleiner werden sah.
»Jetzt können's auf Plattdeutsch weiterschimpfen!«, gab ich ihm noch auf den weiteren Lebensweg mit, bevor ich mich mit quietschenden Reifen davonmachte. Das war nach unserem vorletzten Auftritt im *SWR*-Studio Freiburg. Diesmal lief alles besser. Der Gig war ausverkauft und ich erntete mit der Bemerkung, dass wir auch CDs dabeihätten, brandendes Gelächter. Auf der Heimfahrt legte ich eine Mundartkassette ein und während Polo Hofers »Alperose« aus dem Recorder schepperte, schlich ich entnervt einem VW Polo hinterher. Das ist ja wie bei den größten Schweizerhits, dachte ich mir grinsend, immer hat man den Polo vordedran. Gleichzeitig fragte ich mich, weshalb die Zürcher die Deutschen nicht mögen, zumal Deutschland die gleichen Probleme hat wie wir: nämlich zu viele Deutsche! Dabei brauchen wir einander so nötig. Wir importieren ihre Autos und Arbeitslosen und exportieren dafür unsere CDs, Kundengelder und den Joe Ackermann. Könnte die momentane Teutonenphobie dazu führen, dass ich mich als Schweizer Mundartsänger in Deutschland nächstens isoliert fühlen muss, wo ich doch schon als halber Österreicher jahrelang wegen Waldheim und Haider doppelt isoliert war. Für meine internationale Karriere ist es wohl besser, weiter mit den Sennenhunden zu heulen, anstatt eine CD mit deutschen Texten herauszugeben. Schweizer sind in Deutschland ja immer noch beliebter als die Österreicher. Weil

diese sich, historisch gesehen, im Ausland immer schlecht aufgeführt haben. Aus lauter Angst, dass bei den Zürchern nach den Deutschen die Österreicher an die Kasse kommen, rede ich in der Öffentlichkeit nur mehr ein föderales Hochdeutsch à la Christoph Blocher. Die Deutschen sind nämlich ein bisschen selber schuld, wenn sie in der Öffentlichkeit mit Deutsch provozieren. Die sollten sich ein Beispiel an WEF-Gründer Klaus Schwab nehmen, der gibt sich wenigstens Mühe. Um jeglichen Verdacht, kein Hiesiger zu sein, von mir abzulenken, ertappte ich mich jüngst sogar schon bei dem Gedanken, einige Schauspielschüler der Hochschule für Künste in Bern zu verprügeln, nur weil diese in der Beiz ihr Bühnendeutsch übten. Dimitri-Schüler reden zwar weniger, nerven aber trotzdem und eignen sich weniger zum Verprügeln, weil sie besser trainiert sind. Geht es erst einmal dem österreichischen Filz an den Kragen, dann wird Peter Brabeck einen Pantomimekurs bei Dimitri nehmen müssen. Udo Jürgens müsste auf Züridütsch singen und ich würde bei Hans-Adam von und zu Liechtenstein um politisches Asyl ansuchen, obwohl die Liechtensteiner für die Deutschen auch nur zur Kategorie der kleinen und lästigen Bergvölker gehören. Im Ländle würde mein k.u.k.-Slang nicht so auffallen. Bis der Mörgeli endlich checkt, dass die Habsburger auch nur Aargauer sind und sein Mütchen an denen kühlt.

Schön langsam wünsche ich mir den Winter zurück

Die Fasnacht signalisiert zwar das Ende des Winters, aber die Konfettis ruinieren einem jedes Mal die Schuhe. Trotzdem habe ich dieses Jahr mitgemacht, um endlich den Winter aus dem Land zu prügeln. Als »Draculhas«, mit einer in die Stirne geschobenen Hasenmaske und einem Draculagebiss. Leider fand das niemand lustig. Das müssen alle Handarbeitslehrer mit Teilzeitpensum sein, dachte ich mir, als ich durch das allgemeine »Tätärä« hindurch meinen Weg stadtabwärts pflügte. Ich bestaunte die Kostüme, während ich beobachtete, wie der eiskalte Regen als erster Frühlingsbote die aufwändig gebastelten Verkleidungen der Guggenmusiker aus dem Leim gehen ließ. Die Lauben können im Winter zwar bedrückend auf die Psyche wirken, aber man bleibt wenigstens trocken.

Gleichzeitig bedauerte ich die armen Narren, welche das ganze Jahr über an ihrer Maskerade basteln, nur um drei Tage lang die Sau rauslassen zu können. Da hab ich es besser, dachte ich mir, ich brauche keine Verkleidung für meine Metamorphosen. Ähnlich wie Simon Ammann, der sich völlig unverkleidet vom Harry Potter der Lüfte immer mehr Richtung Tom Cruise wandelte. Der endet noch als Ueli Maurers Top Gun in der Patrouille Suisse.

Ich flüchtete ins Schlachthaustheater, wo Reverend Beat-Man alte Motown-Hits auflegte, um meine morschen Knochen mittels Tanz zu lockern. Bis mir die aufgekratzte Stimmung und die allgemeine Anmache doch zu viel wurde. Als ob alle gemeinsam eine Art Eisprung hätten. »Die Jungen wollen treu sein und sind es nicht; die Alten wollen untreu sein und können es nicht«, um Oscar Wilde zu zitieren. Seit dem Rauchverbot meide ich normalerweise öffentliche Tanzanlässe. Es stinkt zwar weniger nach Rauch, dafür aber umso mehr nach altem, mit billigem Parfum übertünchtem Schweiß, welcher trotz kollektiv ausgeschütteter Pheromone auch nicht unbedingt anregend wirkt. Trotzdem blieb ich, zusammen mit einem Bekannten, der sich als Käpt'n Jack Sparrow zurechtgemacht hatte, und einer unbekannten Piratin namens Sarah, bis die meisten Leute nach Hause gegangen waren. (Allein oder zu zweit, egal, sie werden es sowieso am nächsten Tag bereuen). Und dies, obwohl in den frühen Morgenstunden die Berner Altstadt gefährlicher ist als Dodge City vor dem Eintreffen der Law-and-order-Revolverhelden Wyatt Earp und Doc Holliday. In der Gesellschaft der beiden Piraten fühlte ich mich sicher. Es wurde mir klar, dass ich diese Nacht nicht nüchtern überstehen würde und ich mich spätestens in zwei Tagen auf die Suche nach meinem Auto würde machen müssen.

Wir grölten Seemannslieder. Jedenfalls, bis Jack Sparrow von zwei als Kriegstraumatisierte maskierten, mit eingeübtem südosteuropäischem Akzent provozierenden Jugendlichen ohne Vorwarnung krankenhausreif geprügelt wurde. Vielleicht nicht einmal mit böser Absicht, wahrscheinlich haben die nur den Frühling gespürt und wollten ein wenig Spaß. Ich flüchtete mit dem Taxi und der geschockten Sarah ins Dead End, dem zu Unrecht am schlimmsten verrufenen Club in Bern. Dort waren wir wenigstens sicher vor der Fasnacht. Schön langsam wünschte ich mir den Winter zurück. Ich begegnete ihm zwei Tage später, durch das immer noch verschneite Emmental fahrend, in Gestalt eines dahinschmelzenden Schneemannes, welchem Johnny Cash mit dem Lied »Ain't no Grave gonna hold my Body down« einen sonoren Gruß von der anderen Seite des Jordans schickte.

MEIN ERSTES WORT WAR »AUTO«

Ich wurde schon früh von Automobilismus befallen. Ähnlich wie Sir Peter Ustinov, welcher angeblich bis zu seinem vierten Lebensjahr überhaupt nicht sprach, sondern nur »brumm brumm« machte, weil er meinte, er sei ein Automobil. Meine Eltern besaßen damals einen fahrbaren Untersatz der Marke Auto Union. Ein hellblauer, zwar hübscher, aber fürchterlich stinkender Wagen mit Weißwandreifen und einer mit einem Saugnapf am Armaturenbrett befestigten Blumenvase. Jedes Mal, wenn der Motor zwecks Sonntagsausflug angeworfen wurde, musste ich retour frühstücken. Das tat meiner kindlichen Autobegeisterung allerdings keinen Abbruch. Im Gegenteil: Als Vierjähriger kannte ich mehr Automarken als Tiernamen. Niemand konnte sich damals vorstellen, dass der Gestank, welcher die Kinder zum Kotzen brachte, schlecht für die Umwelt sein könnte. Auf der Hutablage der Emissionsschleuder lag ein mit unserer Autonummer, dem Berner Wappen und dem Satz »Komm gut heim!« besticktes Samtkissen. Der fahrbare Untersatz endete nach einem Totalschaden auf dem Schrottplatz. Danach wurde er zu einem Würfel gepresst und eingeschmolzen. Keine Ahnung, was aus ihm geworden ist. Ein Kochtopf, ein Hüftgelenk, ein Velo oder gar ein Gewehrlauf. Das bestickte Kissen fand dann seinen Platz auf dem Rücksitz eines VW Käfers, den wir uns als Ersatz zulegten.
Dieses Vehikel liebte ich. In der kistenförmigen Aussparung hinter den Rücksitzen hockend, machte ich mir ein Vergnügen daraus, während unserer Ausfahrten den hinter uns herfahrenden Automobilisten den Maulaffen zu zeigen, wenn ich nicht gerade wie gehabt meinen Magen über die plastikbespannte Polsterung stülpte. Das »Komm gut heim!«-Kissen versagte leider als Glücksbringer. 1959 starb mein Vater bei einem Verkehrsunfall. Diese tragische Begebenheit führte allerdings nur zu einem temporären Motorisierungsverzicht. Weil der Autodämon sich längst

unabdingbar gemacht und die Welt nach seinen Bedürfnissen umgestaltet hatte. Schon bald kutschierten wir, zahlenmäßig dezimiert, mit einem gigantischen Opel Kapitän durch die Landschaft. Der Schadstoffausstoß entsprach etwa demjenigen eines Braunkohlekraftwerkes. Erst die Ölkrise 1973 führte zur Stilllegung dieses rollenden Benzinfasses ohne Boden und zur Anschaffung eines sparsameren Modells. Was dem Mongolen sein Ross, das ist dem Schweizer sein Auto. Kaum hatte ich das Permit erworben, legte ich mir selber einen fahrbaren Untersatz zu. Ein völlig übermotorisiertes Exemplar der Marke Ford mit starrer Hinterachse. Das Ende der Motorhaube war nur mit dem Opernglas auszumachen.

Nur dem Segen des St. Christophorus, welcher mich in Form einer Plakette als Schutzheiliger auf meinen wilden Ausritten begleitete, ist es zu verdanken, dass ich mit dieser Rakete nicht jenseits des großen Flusses gelandet bin. Die Vernunft zog erst in Gestalt eines alltagstauglichen Kombis in die Garage ein. Das einzig Grüne an dieser Karre ist allerdings die Lackierung. Obwohl das Autofahren zur Qual geworden ist, habe ich mit den Jahren berufsbedingt 238 000 Kilometer in diesem Göppel heruntergespult. Das entspricht von der Strecke her circa sechs Mal dem Äquatorumfang. Bald wird der Passat reif für die Schrottpresse sein und ich hoffe, dass er irgendwann zu einer Eisenbahnschiene wird. Weil ich mir ein GA anschaffen werde. Als Antidepressivum, so viel muss ich zugeben, betreibe ich nach dem Lustprinzip seit einigen Jahren einen kleinen, roten, japanischen Sportwagen. Er ist mir wie ein guter Gefährte.

Viele Kühe machen Mühe

Obwohl der Kühlschrank in meiner Stadtwohnung außer einer Tube Mayonnaise nichts Essbares enthält, bin ich doch als Kind des Kalten Krieges vom Notvorratsgedanken geprägt. Allerdings nur in meiner Ferienwohnung. Dort lagern neben diversem Bunkerfood auch einige Liter UHT-Milch, es könnte ja plötzlich ein Krieg ausbrechen. Die Konservenmilch wäre eigentlich unnötig, die würde ich nicht einmal im Ernstfall trinken. Weil mich Geschmack und Konsistenz dieser toten Emulsion irgendwie an Dispersionsfarbe erinnern. Wahrscheinlich bin ich einfach zu verwöhnt, weil ich durch das gute Verhältnis zu den benachbarten Bauern jederzeit Zugang zu qualitativ hochwertiger und wunderbar schmeckender Milch habe. Von glücklichen Kühen, welche Lore, Lena, Linda, Irene, Irma, Iris, Erna, Ilona, Lydia, Bambi, Kander, Gina, Maya, Myrtha und Nägeli heißen.
Bambi ist die Leitkuh und das sieht man ihr auch an. Obwohl sie in der Verteidigung dieses Amtes ihr halbes rechtes Horn lassen musste und ihre Stellung nach sechs Jahren allmählich von Iris angefochten wird, einer feurig blickenden, prächtig behörnten Schönheit, der man die künftige Regentschaft schon von Weitem ansieht. Sechs Jahre seien einsame Spitze für eine Leitkuh, erläuterten mir Beatrice und Heinz, die stolzen Besitzer dieser Herde Milch produzierender Individualistinnen.
Im Sommer, wenn es heiß ist, verbringen die Kühe ihre Nächte im Freien unter dem Sternenhimmel. Dann ist zwei Mal am Tag, wenn sie hinaus- oder hineingetrieben werden, Showtime für mich. Dieses Spektakel sehe ich mir jeweils auf der Laube sitzend an und es ist mir dabei noch nie langweilig geworden. Welch ein Kuhleben im Vergleich zu ihren armen Schwestern, für welche »freier Auslauf« bedeutet, dass sie ihr halbes Leben auf Spaltenböden herumstehen müssen, wenn man ihnen nicht gerade turboartig die Milch aus den Eutern reißt. »Eine Kuh macht Muh, viele Kühe

machen Mühe«, lautete ein Nonsensslogan der 80er-Jugendunruhen. Das stimmt, vor allem wenn man die Wiederkäuer als lebende Wesen behandelt. Bambi und ihre Weidgenossinnen haben Glück. Sie kennen zwar ihren Vater nicht, höchstens den Namen und der lautet »Röhrli«, sie sind aber alle im gleichen Stall als weibliche Kälber zur Welt gekommen. Den Buben ergeht es da schlechter, die landen nach vier Monaten als Geschnetzeltes auf dem Teller. Die Kühe hingegen werden liebevoll gehegt und gepflegt. Wenn sie kalbern, kriegen sie als Belohnung und Stärkung einen Liter Rotwein. Wenn sie einen verdorbenen Magen haben, gibt ihnen Heinz Kaffee und Schnaps. Fressen tun sie nur das beste Raufutter. Im Sommer Gras, im Winter Heu und Silofutter von den eigenen Weiden, Malz und Salz. Das Emd, der zweite Schnitt, ist das beste Heu. Es erinnert mich vom Geruch her an Bio-Kräutertee. Das merkt man der Milch an, solange sie nicht im allgemeinen Milchpool landet, also in ihre Bestandteile zerlegt, homogenisiert, totgekocht und in Tetrapacks als »Budgetprodukt« verscherbelt wird. Aktuell erhalten Beatrice und Heinz lächerliche fünfzig Rappen pro Liter für ihre Milch. 1,07 Franken waren es vor fünfundzwanzig Jahren, als die beiden den Hof übernahmen. Ihre Arbeit sei wegen des Preisdruckes nichts mehr wert. Schön langsam sympathisiere ich mit der Wiedereinführung des »Plan Wahlen«. Von mir aus kann man die UHT-Milch zusammen mit der ganzen Globalisierung zum Mond schießen.

MIT ZÄHEN WADEN INS HOLOZÄN

Eigentlich wollte ich über Ueli Maurers Sicherheitspolitischen Bericht schreiben, dann kochte ich aber dieses Ragout, welches ich mit undefinierbaren Dörrpilzen (ein Ostergeschenk von einer Psychotherapeutin aus Zürich) aufgepeppt hatte. Nach dem Essen fühlte ich mich zugleich getrieben und beklommen und drängte zu einer Wanderung auf das 1408 Meter hohe Napfgebirge. Diese Route entsprach meinem Fitnessstatus, erfordert aber gleichwohl Zähigkeit und Willensanstrengung. Vor allem, wenn von der Laube aus gut sichtbar das Auto mit seinen hundertfünfundzwanzig PS lockt. Man könnte ja auch in einer halben Stunde auf die Lüderenalp knattern und bei einem Umtrunk die Alpenkette von der Terrasse aus anschauen, um sich optisch etwas mehr Weite zu verschaffen. Nicht, dass ich befürchtete, mein Gegenüber würde sich nicht zu einer automobilen Bergwanderung verleiten lassen, ich wollte mich bloß nicht blamieren. Ich hielt die Klappe, zumal ich vor dem Verzehr des Schwammerlragouts noch den Hardcorealpinisten markiert und ihr für die Teilnahme an der Napfexpedition sogar die Verleihung der »Goldenen Wanderwade in Eichenlaub« in Aussicht gestellt hatte.

Alles Ersatzhandlungen wegen des Schreibstaus, knurrte ich vor mich hin, während ich mir die Goretex-Stiefel schnürte und mich noch im Bücken plötzlich die Angst ergriff, dass es mir so ergehen könnte wie dem österreichischen Schriftsteller Adalbert Stifter (verstorben am 28. Januar 1868), dessen Dichtung ich zwar überhaupt nicht mag, welcher aber die bemerkenswerte Selbstmordmethode wählte, sich in voralpiner Umgebung buchstäblich zu Tode zu fressen.

Dem Anstieg stand also nichts mehr im Wege und schon bald setzte ich bedächtig schnaubend mit flatternden Nüstern meine Tritte in den Hang. Lag es am Pilzgericht oder war meine wie eine Dampflok rhythmisch stoßende und pfeifende Atmung schuld an dem tranceähnlichen Zustand, in welchem ich mich plötzlich befand? Auf alle Fälle fühlte ich mich eins mit den Molasseschichtungen, auf welchen ich mich abmühte, wurde selber zur Nagelfluh, durchlebte spirituell alle organischen Evolutionsstufen vom Präkambrium (circa vor vier Milliarden Jahren) bis ins Jetzt. Blubberte durch die Ursuppe, wurde Einzeller, Ammonit, Knorpelfisch, Amphibie, Reptil. Trampelte als Tyrannosaurus Rex Beute suchend durch endlose Farnwälder, um schließlich im Tertiärzeitalter im Zuge der Alpen- und Juraauffaltung wie von selbst von den Kontinentalplatten bergwärts gehoben zu werden. Die letzten zwei Mio. Jahre vom Pleistozän an durchlitt ich im Zeitraffertempo. Vom Homo erectus zum Homo sapiens sapiens. Wobei für den Sekundenbruchteil von einer Mio. Jahre mein einziger technologischer Fortschritt darin bestand, mir immer wieder Faustkeile aus dem Stein zu spalten. Im Gipfelrestaurant angekommen, war meine Begleitung leicht verstimmt. Ich sei völlig weggetreten, ohne auch nur einmal anzuhalten, grunzend und ein wirres erdgeschichtliches Referat haltend, bergwärts gerannt. In einem Tempo, das sogar Reinhold Messner neidisch gemacht hätte.

»Scheiße, wir haben die Atombombe gebaut, fliegen zum Mond und basteln am Schwarzen Loch!«, entfuhr es mir hyperventilierend und noch immer nicht ganz zurück.

Nach Stunden, endlich auf der Laube sitzend, auf meinem Pelikanfüller herumkauend, kam mir dann zu den Bedrohungsszenarien des VBS gar nichts mehr in den Sinn.

Die Erde kennt kein Rauchverbot

Zuerst war ich bloß beunruhigt über das unberechenbare Verhalten eines mit Eyjafjalla-Geschädigten voll besetzten Reisebusses auf dem Heimweg von Rapperswil, wo wir mit Stiller Has ein Gastspiel absolviert hatten. Nur durch beherztes Durchdrücken des Gaspedals gelang es uns, den unkontrollierten Schlingerbewegungen des Reisecars auszuweichen und eine Kollision zu verhindern. Während der Kombi am Bus vorbeischoss, blickte ich für einen Moment in das übernächtigte, fassungslose Gesicht des Chauffeurs, welcher offenbar durch meine Hupsignale aus seinem Sekundenschlaf gerissen wurde.

Über die genaueren Umstände und Folgen des Vulkanausbruches konnte ich mich erst zu Hause informieren, als ich den Briefkasten leerte und die ungelesene Tagespresse durchging. Sogleich wurde ich von Weltuntergangsfantasien geschüttelt. Ich fürchtete eine vulkanische Kettenreaktion gewaltigen Ausmaßes und beschloss, das Weltende nicht in Ostermundigen erleben zu wollen. Beherzt ergriff ich die Flucht nach vorne und buchte für zwei Tage ein rheinseitig gelegenes Balkonzimmer im Hotel Krafft in Basel.

Dort, auf Väterchen Rhein blickend und die schwarze Wolke erwartend, wollte ich mich, wie Gérard Depardieu, so lange betrinken, bis ich explodieren würde, um der Asche zu entgehen. Stundenlang suchte ich trinkend und rauchend erfolglos den von Kondensstreifen unvernarbten Himmel nach vulkanischen Emissionen ab, ohne dass dies jedoch meine Ängste gemindert hätte. Im Gegenteil, plötzlich wurde mir bewusst, dass sich ja auch die Stadt Basel in einem erdbebengefährdeten Gebiet befindet und dass, neben der verstärkten vulkanischen Tätigkeit auf Island, zurzeit die Erde an verschiedenen Orten der Welt bebt. Ein Zeichen für mich, dass Mutter Erde an einer Art innerer Unruhe zu leiden scheint, welche zum Untergang der menschlichen Zivilisation führen könnte. Und dass die aus der Balance geratenen Magmamassen gleich an mehreren Stellen der Erdkruste zu spontanen Eruptionen führen und einen globalen vulkanischen Winter verursachen könnten. Die Erde kennt nämlich kein Rauchverbot, sie richtet sich ihre Fumoirs ein, wo es ihr passt.

Schon sah ich mich von heißer Asche eingeschlossen. Für Jahrtausende in einem Hohlraum konserviert, bis man mich in ferner Zukunft in rauchender Position wieder ausgraben und mit Gips ausgießen würde. Um mich daraufhin mit meiner Gips-Parisienne im Munde und einem Weinglas in der Hand im Historischen Museum auszustellen: Homo Vocalus Endus Anacondus.

Mit der Zeit verging der Nachmittag und die Flasche Riesling neigte sich allmählich ihrer Bestimmung zu. Schließlich fand ich Trost in der Vorstellung, dass mein Ende im Falle des Weltuntergangs immer noch lustiger wäre als jenes meines Kollegen Andreas Thiel, der angeblich auf Island, diesem ehemaligen Traumeiland aller Offshore-Banker, hängen geblieben sein soll. Ich würde mir noch eine Flasche eisgekühlten Riesling ordern, während er schon Feuer unterm Hintern hätte. Wahrscheinlich in einer heißen Quelle, gar gekocht, das Haupt eingeäschert. Mit letztem, ersterbend geschliffenem, neoliberalem Wortwitz. Er würde mir ja so fehlen. Als sich dann der Abend über Basel senkte, landeten in kurzen Intervallen wieder die Jets und ich fühlte mich irgendwie beruhigt.

JETZT BLOSS KEINE DISKUSSIONEN ÜBER DEN KLIMARAPPEN

Es war eine Stimmung wie bei der letzten Cocktailparty auf der Titanic. Kaum war ich die Treppe von der Toilette im zweiten Untergeschoss der Cuba-Bar hinaufgestiegen, stoppten mich diese jungen Leute und wollten ein Foto mit mir machen. Ich fühlte mich zugleich geschmeichelt und überfordert und versuchte ihnen durch die stampfenden Rhythmen hindurch zu erklären, dass ich heute privat unterwegs wäre. Das führte jedoch nur zu weiteren Annäherungsversuchen, welche ich mit einem Gin Tonic (viel Gin, viel Eis, wenig Tonic, bitte mit Limette und wenn's geht ohne Gurkenscheibe!) abzukühlen versuchte.

Um übertriebener Nähe zu entgehen, setzte ich mich ab, mir draußen auf der Straße eine Zigarette zu genehmigen. Eigentlich hatte ich schon aufgehört zu rauchen, weil die Interviews zum allgemeinen Rauchverbot schön langsam nerven. Mittlerweile dampfe ich aber wieder, wie der Eyjafjalla. Kutti MC, in Nächten wie diesen mein Anstandswauwau, drängte zur Heimfahrt oder wollte zumindest die Bar wechseln. Zumal ich ja noch eine Kolumne zu schreiben und noch immer keine Idee hätte. So landeten wir schließlich im Kreissaal, wo der Schallpegel zwar ebenfalls beträchtlich war, wir aber unter allgemeinem Hallo auf Andreas Thiel stießen, dem offenbar die Flucht aus Island gelungen war. Es freute mich, dass er wieder unter uns ist und nicht im hohen Norden in einer isländischen Therme hockend als dampfendes, zähes Südfleisch in seiner eigenen Bouillon vor sich herbrodelnd sein Ende gefunden hat. Trotzdem wollte ich unter keinen Umständen zu dieser späten Tageszeit mit ihm als Jaguar-Fahrer über den Klimarappen diskutieren. Während BP gerade im Begriff ist, den Golf von Mexiko mit Erdöl zu fluten, um dann das Schlamassel kontrolliert abfackeln zu können.

Mutter Erde hat nicht nur den Raucherhusten, jetzt hat der Planet auch noch Diarrhö und niemand weiß, wie dieser geologische Dünnschiss zu stoppen wäre. Jetzt, wo die letzten Weißflossenthunfische schon im Öl liegen, bevor man sie in Dosen verpacken kann. Mit Sushi wird's wohl auch nichts mehr, warf ich lakonisch in die Runde, was die allgemeine Weltuntergangsstimmung allerdings auch nicht zu heben vermochte. Es wäre schön, dachte ich mir, wenn ich am Ende des globalen ökonomischen Aufbruchs noch den Anfang des Umbruchs erleben dürfte. Bevor ich dereinst zur Musik von Ennio Morricone in die Flammen des Krematoriums fahren muss. Der Panamahut, auf meinem sechseckigen Pyjama liegend, würde als Erstes Feuer fangen. Danach wäre für mich zwar alles vorbei, aber es bliebe wenigstens jemand übrig, der unseren Nachfahren die Geschichte unserer eigenen Blödheit erzählen könnte. Erst Kutti MC holte mich aus dieser düsteren Stimmung. Mit der Bitte, doch jetzt endlich auszutrinken, weil das Taxi schon da sei. Als dann Dragan, der Taxifahrer, zu den Klängen von Goran Bregovic seiner Karre die Sporen gab, warf ich im Vorüberfahren einen letzten Blick auf meinen eigenen fahrbaren Untersatz. Dieser parkiert seit Tagen vor dem Stadttheater und wartet auf das Wiedererlangen meiner Fahrtüchtigkeit. Einsam, verstaubt, Stapel von Parkbußen unter seinen Scheibenwischern hortend. Für diesen Betrag könnte ich auch einen Jaguar fahren, wenn ich noch fahren dürfte.

AUF DER SUCHE NACH DER BIENE MAJA

Nachdem mir fast den ganzen Mai über eine eiskalte Bise das Jackett gebläht hatte, kam die Wärme wie ein Bleihammer. Die Pflanzenwelt explodiert, meine Atemwege auch. Seit einigen Jahren reagiere ich heftig auf die Blüten, eigentlich hasse ich den Frühling. Trotzdem sog ich mir einen tiefen Zug Ventolin in die asthmatischen Bronchien und nahm eine kleine Wanderung unter die Füße. In die Natur, solange es sie noch gibt. Zwei Stunden später zog ich schon, von Hustenattacken unterbrochen, über die sanften Hügel des Emmentals.
Das Lied von der kleinen Biene Maja ging mir nicht mehr aus dem Kopf, seit ich kürzlich auf *Arte* eine Dokumentation über das Bienensterben gesehen hatte. Auch auf den luftigen Höhen hatte mittlerweile der Lenz Einzug gehalten. Alles stand in voller Blüte. Trotz des Lärms der Traktoren, Motorsägen und der Sennenhunde, welche knurrend und hinterlistig auf meine Waden schielten und mit ihrem Gebell meine Wanderung durch die Weiler kommentierten. Alles schien mir seltsam ruhig, traurig und still.
Kein Bienengesumm, kein Hummelgebrumm.
Führt das Massensterben der Immen letztlich dazu, dass die Pflanzen mehr Pollen produzieren, weil sie auf Windbestäubung setzen müssen?
Oder führt wegen der Pollenallergie der dadurch vermehrt benötigte Einsatz von Medikamenten bei mir zur Veränderung der Wahrnehmung?
Der Weg stieg mittlerweile leicht bergan durch einen Wald und schien mir von Meter zu Meter unwegsamer. Erst eine halbe Stunde nach dem Passieren der letzten Wegmarkierung realisierte ich, dass ich die Orientierung verloren hatte. Ich geriet in Panik und brach zum Schluss nur noch wie ein waidwundes Wildschwein durchs Unterholz. In einer Art Trancezustand hörte ich dann von Weitem das Lied der Biene Maja, gesungen von Karel Gott.

Instinktiv folgte ich dem Klang der Melodie und stand plötzlich vor einer Pfadfinderhütte. Erleichtert, den Weg in die Zivilisation zurückgefunden zu haben, klopfte ich an, erhielt aber keine Antwort. Unaufgefordert trat ich ein, dann blieb mir vor Freude fast das Herz stehen. Im Halbdunkel, nur von einer flackernden Kerze erhellt, entdeckte ich zwei gelb-schwarz gestreifte Gestalten. Die Biene Maja und den dicken Willi! Sie saßen an einem Tisch und waren gerade dabei, irgendein Pulver zu schnupfen.

»Hört auf mit dem Seich, das ist Insektizid, das bringt euch um und außerdem macht das Zeug impotent!« Maja und Willi starrten nur ungläubig.

»Ist es Koks? Ihr seid Bienen! Alles blüht, die Sonne scheint, nichts wie raus mit euch! Die Welt braucht euch zur Fortpflanzung. Warum, glaubt ihr, sagen die Österreicher pudern zum Geschlechtsverkehr? Wie soll der Ratzinger den Domspatzen den Sex erklären, wenn ihr nur noch rumhängt, anstatt zu bestäuben?!«

»Das ist ein bayrischer Schnupftabak, wegen des Rauchverbots. Pudere deine Geranien selber, wir sind keine Bienen, du armer Irrer! Wir sind nur depressive YB-Fans und wollen uns in Ruhe ausweinen!«

Das war mir peinlich. Eine Entschuldigung murmelnd, machte ich die Türe von außen wieder zu. Der Wanderwegweiser stand direkt vor der Hütte. Ernüchtert machte ich mich auf den Heimweg. Immer noch das Lied von der kleinen Biene im Hinterkopf.

»Hells Bells«

Die Karibik ist geflutet, jetzt fettet BP den Atlantik wie eine Riesenbratpfanne, dachte ich mir, während ich betrübt eine große Büchse Carloforte-Thunfisch anstarrte. Wegen der schönen Dose schaffte ich es bisher nicht, diesen Leckerbissen zu verputzen. Ich beschloss, die Konserve als Reliquie zu bewahren, im Gedenken an eine aussterbende Art.
Wenn selbst Freund Kutti MC, welcher ja nun wirklich immer noch an die Macht des Guten glaubt (obwohl er neben mir zum Passivtrinker geworden ist), von Weltuntergangsfantasien gepeinigt wird, muss die Lage wirklich bedrohlich sein. Ich nahm mir vor, meine Ernährungsgewohnheiten umzustellen und in Zukunft wenigstens eine Mahlzeit am Tag fleischlos zu mir zu nehmen, um so mein Scherflein zur Weltrettung beizutragen. Angesichts des monsunähnlichen, feuchtheißen Wetters warf ich mich ins Sommertenue. Blaue Shorts, blaue Kniestrümpfe und ein blaues Schulkäppi von meinem Sohn. Die Deckelmütze sieht an mir zwar lächerlich aus, fliegt mir aber im Cabrio nicht vom Kopf wie der Panamahut. Das Sportwägelchen ist mechanisch ganz gut über den Winter gekommen, leider hatte ich jedoch vergessen, die Fenster zwecks Ventilation einen Fingerbreit offen zu lassen. Das Innere war deshalb mit einer flächendeckend fluoreszierenden Pilzkultur überwuchert und erinnerte mich eher an einen Hirtenteppich als an das Cockpit eines Sportwagens. Trotzdem zwängte ich mich in den pelzigen Sitz, weil mich der Hunger plagte und ich beabsichtigte, im Vegirestaurant Tibits im Berner Bahnhof das Mittagessen einzunehmen.
Ich stellte das Auto, um es austrocknen zu lassen, mit geöffnetem Verdeck vor das Stadttheater und beschloss, auf dem Weg zum Bahnhof noch schnell das Abendessen zu posten. Drei Tatarbrötli aus der Migros, die mit dem Thon ließ ich liegen. Beim Marsch durch die Stadt hatte ich ein seltsames Gefühl. Ich stellte fest,

dass die Leute hinter mir tuschelten. Eigenartig war auch, dass die Verkäuferin im Migros partout kein Geld für die Canapés von mir annehmen wollte. Sie wollte bloß ein Autogramm. Offensichtlich verwechselte sie mich mit jemandem. Wieder draußen unter den Lauben befremdeten mich ganze Gruppen mir zuwinkender in die Jahre gekommener Töfflibuben in verwaschenen AC/DC-Shirts. Ich fühlte mich augenblicklich in die Zeit zurückversetzt, als der Leibhaftige seine satanischen Botschaften (nämlich den Sackgeldverdunster zur Rennmaschine hochzufrisieren und die Eltern in den Wahnsinn zu treiben) noch über rückwärts gespielte Hardrocksongs verkündete. Schließlich war ich froh, als ich endlich meinem guten Vorsatz gemäß den Vegiteller vor mir hatte. Rein pflanzlich kann auch lecker sein, dennoch wurde ich nicht ganz satt. Ohne zu überlegen, besserte ich mit den Tatarbrötli nach und spürte im selben Moment, wie die Stimmung plötzlich gegen mich umschlug. Den letzten Bissen noch im Schlund, wollte ich mich unauffällig davonmachen, wurde jedoch von einem bösartigen, schwarzen, kleinen Hund angekläfft. Sein Frauchen meinte, dass sei nur wegen dem Käppi, sonst sei »Beelzebub« ein ganz Lieber. Ihr Begleiter deutete mir den Satansgruß und murmelte bloß unheilschwanger »Hells Bells«. Dann begann es zu donnern, der Himmel öffnete seine Schleusen und machte mein Cabrio zur Sitzwanne, welche ich alsbald mit nassem Hintern wieder Richtung Ostermundigen pilotierte. Endlich zu Hause glaubte ich dem Teufel entronnen zu sein. Jedenfalls bis Angus Young mit seinen harten Riffs vom nahe gelegenen Stade de Suisse meine Wohnküche mit »Highway to Hell« rockte.

ÖSTERREICH WÄRE MIT VON DER PARTIE

Nachdem die Migräneattacke vorbei war, verlor sich der dämmernde Morgen in einer tiefen Erschöpfungsohnmacht. Dann wurde mir gnadenlos der Marsch geblasen, mit Pauken und Trompeten. Das Gerücht über das Ende meiner kolumnistischen Tätigkeit für den *Tages-Anzeiger (Bund)* musste sich, Wellen der Betroffenheit auslösend, schockartig unter der Bevölkerung verbreitet haben, sodass in Ostermundigen die Ortstrauer ausgerufen wurde. Weil so bald niemand mehr in einer relevanten Tageszeitung regelmäßig über diesen Ort berichten wird. Obwohl diese Gemeinde außer mir mit Ursula Andress, Michele Hunziker und Paul Klee immerhin auf vier landesweit bekannte Promis verweisen kann. Das dachte ich mir, allerdings nur ganz kurz, während ich verwirrt ins Bewusstsein hochfuhr und in der Musik nicht die örtliche Musikgesellschaft, sondern die schleppenden Begräbnismärsche von der CD *Tod Trauer Trapani* (Sizilianische Trauermärsche, Verlag Zweitausendeins) erkannte. Irgendein Italienfan aus der Nachbarschaft litt und wollte alle mitleiden lassen. Ich kondolierte, indem ich die Trommel meines Käpselirevolvers in das erste Morgenblau entleerte. Danach war Ruhe im Quartier, dafür pfiff mir das rechte Ohr.
Augenblicklich spürte ich, dass ich soeben einen kindischen und dennoch aggressiven Akt begangen hatte. Mit einem andauernden Summen im Ohr stolperte ich ins Badezimmer und fühlte mich wie unser Captain Alex Frei, der ja auch zur Selbstverletzung neigt. Ich fühlte mit ihm, obwohl mich diese WM eigentlich nichts angeht, da ich Österreichfan bin. Trotzdem, so eine gute Nati hatten wir seit Roy Hodgson nicht mehr. Waren diese Vuvuzelas oder der nahende Vollmond schuld an meiner gereizten Stimmung? Man hätte dem enervierenden, undefinierbaren WM-Getröte unseren eigenen nationalen »Wall of Sound« entgegensetzen können. Indem wir einige Treichlerdelegationen und Alphornbläser nach Südafrika

hätten schicken können. Ueli Maurer und seine Superpumas kamen mir in den Sinn, zumal der VBS-Chef ja auch noch Sportminister ist und über ausgezeichnete Kontakte zur Volksmusikszene verfügt. Wer militärische Aktionen in Libyen in Erwägung ziehen kann, dem wäre auch ein akustischer Feldzug in Südafrika zuzutrauen. Oder spart das VBS jetzt schon Sprit, um im Falle einer von der SVP vorgeschlagenen Vergrößerung der Schweiz mit einer Flugshow der Patrouille Suisse sicherheitspolitisch Eindruck zu schinden? Unsere Top Guns lassen ja in letzter Zeit keine Übungsmöglichkeit aus. Die dürfen ihr fliegerisches Können nächstens sogar am Züri-Fäscht demonstrieren. So schlecht wäre eine Vergrößerung der Schweiz gar nicht, resümierte ich für mich, während ich mich rasierte. Wenn die Schweiz größer wäre, bräuchten wir vielleicht die Banken nicht klein zu machen. Das Problem der Steuerflucht wäre gelöst, weil diese endlich vorwiegend auf unserem eigenen Territorium stattfinden würde, und auf Baden-Württembergs Autobahnen gäbe es kein Tempolimit und genug Platz für Luxusspuren, auf denen unsere Nationalräte ihre Audis und BMWs austesten könnten. Außerdem hätten wir ein größeres Requirierungsgebiet für Balltalente und würden vielleicht doch noch einmal Fußballweltmeister. Mit Vorarlberg als neuem Kanton wäre dann auch noch ein bisschen Österreich mit von der Partie.

Plötzlich dachte ich an Gwendolyn Rich

Mit der Zeit fand sogar ich die Fußball-WM toll, trotz des Getrötes. Ich wurde für einmal in Ruhe gelassen, konnte unbehelligt schlendern, fühlte mich unbeobachtet. So locker, dass ich trotz meines WM-Abstinenzgelübdes vor der Les-Amis-Bar meine Nase während des Spiels Deutschland–Spanien gegen die Fensterscheiben drückte, nur um mit dabei zu sein. Obwohl ich wegen des großen Andranges und der Leute vor mir nur den Ausschnitt eines gleichschenkeligen Dreiecks beobachten und das entscheidende Tor für Spanien gar nicht sehen konnte. Trotzdem fühlte ich mich als Gleicher unter Gleichen.

Alles wäre locker geblieben, hätte mich nach dem Match nicht irgend so ein Besoffener mit Diego Maradona verwechselt. Das lag wohl an meiner Unrasiertheit und diesem weit geschnittenen Hugo-Boss-Anzug, der seit den frühen 90ern in meinem Schrank hängt. Und den ich wieder einmal ausführen wollte. Allein das silbern schillernde Gewebe garantiert jedes Mal einen großen Auftritt, vermag jedoch, vor allem in Kombination mit einem quer gestreiften Polohemd, meinen nach oben tendierenden Body-Mass-Index nur mangelhaft zu umschmeicheln.

Eine Folge des Ertappungsstresses, dem jeder Prominente ausgeliefert ist. Denn mein Bekanntheitsgrad ist seit meiner Tätigkeit für den *Tages-Anzeiger* nur noch gewachsen. In der Schweiz weiß jetzt jeder, welches Auto ich fahre. Eigentlich fühlte ich mich schon vorher berühmt genug, konnte aber das Angebot, für eine Zeitung wie den *Tagi* zu arbeiten, nicht ausschlagen. Das war wie ein Ritterschlag für mich. Doch jetzt, zwei Jahre später, sehne ich mich nur noch nach Stille und Anonymität. Nach einem Ort, wo das einfache Leben stattfindet und ich nicht zu allem und jedem meinen Senf dazugeben muss. Einem Ort mit einem kleinen, aber feinen Kulturprogramm, ohne Bundespolitik und höchstens einer guten Beiz. Sodass man sich noch selber aussuchen kann, ob man an der allabendlich stattfindenden Wirtshausrauferei teilnehmen möchte oder nicht. Kaum gedacht, ergriff mich ein Fluchtreflex. Seltsamerweise dachte ich in diesem Moment, fragen Sie mich nicht warum, an Gwendolyn Rich. Noch bevor mir die Beschleunigung des Fluchtfahrzeuges die Organe in den Schalensitz presste. Dabei weiß ich nicht einmal, für was diese Frau berühmt ist, das wissen wahrscheinlich nicht einmal die vom *Blick*.

Ein Streich, den mir mein Unterbewusstsein spielt, dachte ich mir, als ich den morschen, aber drehfreudigen Sportblechhaufen auf der Strecke zwischen Boll und Langnau bis an die Grenze der Legalität beschleunigte. Wahrscheinlich leidet auch Gwendolyn Rich an ihrer Prominenz. Tags darauf sah ich mich nach einer olympiareifen Arschbombe vom Viermeterbrett der Badi Langnau in meiner Intuition bestätigt. Da saß sie auf der Terrasse und leckte an einem Erdbeercornet. Sie fiel mir sofort auf, bestritt allerdings, dass sie Gwendolyn Rich sei, und verweigerte mir sogar ein Autogramm. Dabei war ich mir sicher, dass sie eine Prominente sein musste. Vielleicht nicht unbedingt Gwendolyn Rich, aber eventuell Christina Surer, Gunvor Guggisberg, Kisha oder Stephanie von Monaco. Erst als mir die Speedo-Badehose unter die Wampe rollte und einen Streifen quellenden bleichen Fleisches zwischen dem zu kurzen Poloshirt und dem Badehosenbund offenbarte, wurde mir klar, wie nötig ich diese Sommerfrische brauche. Ferien an einem kleinen Ort, in welchem sich die Menschen an mich gewöhnt haben, weil ich ohnehin unübersehbar bin. Urlaub ohne Schreibstau und Extremsportarten.

Helvetismen

Alkistübli Aufenthaltsraum für Alkoholiker

Ankenzopf Butterzopf, Sonntagsgebäck

Badi Schwimmbad

Bébéfüdi Babyhintern

Beiz Kneipe

Beizenrauchverbot Kneipenrauchverbot

Billet Fahrkarte oder Führerschein

Bimbosan Babynahrungspulver

Brockenhaus Gebrauchtwarenhandlung für soziale Zwecke

Bure-Zmorge Bauern-Frühstück, volkstümliche
    SVP-Propagandaveranstaltungen

Büssi Katze

Chuchichäschtli Küchenkasten

Coci Coca-Cola, aber auch Kokain

Cornet Eis in einer Waffeltüte

Dini Schnure isch vielech glich echli gross für sone chliine Gring – oh yeah!
    Deine Klappe ist vielleicht doch ein bisschen zu groß für so einen
    kleinen Kopf (Angeber gemeint)

Duftchüssi Duftkissen, Umschreibung für Marihuana-Portion

ETH Eidgenössische Technische Hochschule

Feldschlössli Feldschlösschen, Schweizer Biermarke

Feuchttüechli Feuchttücher

Fort Lauderdale Austragungsort des Freundschaftsspiels
    Schweiz–Jamaika

Frise Frisur, Haarschnitt

Gnagi Gekochte Schweinshaxe

Goalie Torwart

Golden Hello Vorabzahlung zum Zwecke der Abwerbung von CEOs

Goldvreneli Schweizer Goldmünze

Gratisguetzli Gratiskekse

Grien Schotter, kleine Steinchen

Grittibänz Hefeteigmännchen zu St. Nikolaus
Guggenmusiker Fasnachtsmusikanten
HarmoS Interkantonale Vereinbarung über die Harmonisierung der obligatorischen Schule
Herunterpetrolen Maschinenteile mit Petroleum reinigen
Hündeler Hundehalter
Hürlimann Schweizer Traktorenmarke
Im Vergääs Aus Versehen
Käpselirevolver Schreckschusspistole
KMU Kleine und mittlere Unternehmungen
Köbi Spitzname für Jakob Kuhn, ehem. Nationalmannschaftstrainer
Langnauerörgeli Kleine Ziehharmonika
Lümpli Kleiner Putzlappen
Mandelbärli Süßgebäck, Berner Spezialität
Matte An der Aare gelegenes Quartier in Bern
Mutzen Bären
Öpfelchüechli In Öl gebackene Apfelringe
Parisienne Schweizer Zigarettenmarke
Pedalo Tretboot
Permit Führerausweis
Rüebli Karotten
Sackgeldverdunster Mofa
Säuli Schweinchen
Scapa Single-Malt-Whiskymarke, aber auch bekannter Schweizer Cartoonist
Schlitteln Schlittenfahren
Schoggi Schokolade
Schöppeli gäh Dem Kleinkind die Flasche geben
Schoppen Babyfläschchen
Seich Mist, Blödsinn
Stocki Kartoffelpüree aus der Packung
Tagi Tages-Anzeiger, wichtigste Tageszeitung in der Schweiz

Tatarbrötli Mit fein gehacktem, stark gewürztem rohem Rindfleisch belegtes Brot

Tenue Uniform

Tierli kleine Tiere

Tobel Schlucht

Töfflibuben Mofa-Halbstarke, meistens AC/DC-Fans

Töggelikasten Tischfußballkasten

Trip-Hop-Jodel Erfolgloser Fusionsversuch zwischen Jodel und Trip-Hop

UHT Ultrahoch erhitzte sterilisierte Milch

VBS Eidgenössisches Departement für Verteidigung, Bevölkerungsschutz und Sport

Vegiteller Vegetariergericht

Winterfinken Winterreifen fürs Auto

YB Young Boys, Berner Fußballmannschaft, mit gelb-schwarzem Trikot

Ziischtigsclub Diskussionssendung im Schweizer Fernsehen

Znünibrote Pausenbrote

Zügelkisten Umzugskartons

Züri-Fäscht Stadtfest in Zürich

Zwischengorpsi Zwischenrülpser

Cervelat-Prominenz

Gabriela Amgarten Ehemalige Unterhaltungschefin beim Schweizer Fernsehen

Simon Ammann Skispringertalent und Olympiasieger 2002 und 2010

Ursula Andress Schauspielerin, Bond-Girl, stammt aus Ostermundigen bei Bern

Blocher Christoph Blocher, ehemaliger SVP-Bundesrat (2003–2007), senkrechter EU-Gegner mit Hang zu populistischen Auftritten. Wurde 2007 aus dem Bundesrat gewählt

Renzo Blumenthal Ehemaliger Mister Schweiz

Peter Brabeck Verwaltungsratspräsident von Nestlé

Goran Bregovic Serbischer Komponist und Musiker

Toni Brunner Derzeitiger SVP-Präsident, Ziehsohn von Christoph Blocher

Micheline Calmy-Rey Sozialdemokratische Bundesrätin seit 2003. Im Jahr 2011 Bundespräsidentin der Schweizerischen Eidgenossenschaft

Jean-Pascal Delamuraz Sehr beliebter, trinkfester alt Bundesrat, verstorben 1998

Dimitri Legendärer Mime und Clown

Céline Dion Gewinnerin des Eurovision Song Contest 1988, Weltstar

Therese Frösch Beliebte Berner Nationalrätin der Grünen

Viktor Giacobbo Kabarettist und Satiriker mit eigener Sendung im Schweizer Fernsehen

Ulrich Giezendanner SVP-Politiker, Transportunternehmer

Gunvor Guggisberg und DJ Bobo Beide nahmen am Eurovision Song Contest teil und beide holten null Punkte für die Schweiz

Roy Hodgson Ehemaliger Fußballnationalmannschaftstrainer

Andreas Hofer Tiroler Freiheitsheld

Polo Hofer Legendärer Mundartmusiker, Vaterfigur der Schweizer Musikszene, bekennender Hanffreund

Gökhan Inler Fußballnationalmannschaftsspieler

Udo Jürgens Sänger und Wahlschweizer

Bo Katzmann Leiter eines Gospelchors

Roman Kilchsperger Showmaster am Schweizer Fernsehen. Geschmacksache.

Kisha Sängerin aus der Schweiz

Jakob Kuhn (Köbi) Kuhn, ehemaliger Schweizer Nationalmannschaftstrainer

Kutti MC Dichter, Rapper und Sänger aus Bern

Ernst Lämmli Fußballfunktionär

Kuno Lauener Bekannter Schweizer Mundartmusiker, Sänger der Band Züri West

Moritz Leuenberger Alt Bundesrat SP (Sozialdemokratische Partei)

Doris Leuthard Bundesrätin CVP (Christlichdemokratische Volkspartei der Schweiz)

Hans-Adam von und zu Liechtenstein Fürst der letzten Habsburger-Monarchie in Liechtenstein

Filippo Lombardi Nationalrat aus dem Tessin mit Hang zu Geschwindigkeitsübertretungen

Jürg Marquard Verleger, in Geschmacksfragen nicht unbedingt stilsicher

Nella Martinetti Bekannte Entertainerin aus dem Tessin (Gewinnerin des Grand Prix der Volksmusik 1986), verstorben 2011

Mani Matter Berner Chansonnier, verstorben 1972

Ueli Maurer Bundesrat SVP, derzeit Vorsteher des VBS, ehemaliger SVP-Präsident, ehrliches, aber einfältiges Gemüt

Richard McCallum Jamaikanischer Torwart

Hans-Rudolf Merz Alt Bundesrat FDP (Freisinnig-Demokratische Partei) mit Hang zu eigenmächtigem Handeln

Billy Mo Schlagerstar in den 50-ern, heute Jazz-Musiker

Christoph Mörgeli Hardliner der SVP (Schweizerische Volkspartei)

Walter Andreas Müller Kabarettist und begnadeter Parodist

Gwendolyn Rich Prominent durch die Boulevardpresse

Ruedi Rymann Interpret vom »Schacher Seppeli«, verstorben 2008

Ueli Schmezer Moderator der Sendung »Kassensturz« und Interpret von Mani-Matter-Liedern

Sämi Schmid Samuel (Sämi) Schmid, alt Bundesrat, hatte das VBS unter sich, geriet ins Kreuzfeuer der Kritik wegen seines Armeechefs Roland Nef. Schmid wurde von Christoph Blocher, weil konsensfähig, stets als »halber Bundesrat« geschmäht

Klaus Schwab Begründer des WEF Davos (World Economic Forum), spricht ein seltsames Schweizerdeutsch

Philippe Senderos Fußballnationalmannschaftsspieler

Marco Streller Fußballnationalmannschaftsspieler

Christina Surer Rally-Pilotin

Elizebeth Teissier Schweizer Starastrologin

Andreas Thiel Kolumnist und Satiriker, lebt in Island und bedient in der Schweiz ein eher rechtslastiges Publikum

Beni Thurnheer Legendärer Sportreporter und Showmaster

Ines Torelli Schauspielerin, Kabarettistin, wurde berühmt durch die Vertonung von »Kasperli«-Geschichten

Kaspar Villiger Alt Bundesrat FDP, ehemaliger Zigarren- und Fahrradfabrikant

Peach Weber Blödelbarde, sein größter Hit war »Öberall het's Pilzli draa« (Überall sind Pilze dran)

Evelyne Widmer-Schlumpf SVP-Frau, die anstelle Blochers in den Bundesrat gewählt wurde. Ist heute Mitglied der BDP (Bürgerlich-Demokratische Partei)

Melanie Winiger Ehemalige Miss Schweiz, Schauspielerin, Lebenspartnerin des Schweizer Rappers Stress

Hakan Yakin Fußballnationalmannschaftsspieler, bekannt für seine Kopfbälle

Peter Zumthor Schweizer Stararchitekt

Lokalitäten

Aargauerstalden Straße vom Rosengarten zum Bärengraben in Bern mit wunderschönem Ausblick auf die Altstadt

Adrianos Legendäre Kaffeebar in Bern

Baumeler Veranstalter von Trekkingreisen

Bellevue Fünfsternehotel in Bern

Berner Allmend Grünfläche in Bern/Breitenrainquartier

Dählhölzli Tierpark

Kronenhalle Legendäres Restaurant in Zürich

Letzigrund Fußballstadion in Zürich

Leukerbad Thermalbadeort im Kanton Wallis

Leutschenbach Standort des Schweizer Fernsehens

Stade de Suisse Neues Wankdorfstadion in Bern

Trachselwald Geschichtsträchtiger Ort im Emmental

Vals Ort im Kanton Graubünden mit Thermalbad, vom Architekten Peter Zumthor erbaut

Weitere Bücher aus unserem Verlagsprogramm:

Emmanuelle Bayamack-Tam | Die Prinzessin von.
(La Princesse de.)
Roman

Aus dem Französischen von Christian Ruzicska,
unter Mitarbeit von Flamm Vidal

Gebunden ohne Schutzumschlag

224 Seiten
€ (D) 22.95 | CHF 34.90 | € (A) 23.60
ISBN 978-3-905951-07-3

Hélène Bessette | Ida oder das Delirium
(Ida ou le délire)
Roman

Aus dem Französischen von Christian Ruzicska

Gebunden ohne Schutzumschlag

128 Seiten
€ (D) 21.95 | CHF 33.90 | € (A) 22.60
ISBN 978-3-905951-02-8

Lars Gustafsson | Gegen Null
(Mot Noll)
Eine mathematische Phantasie

Aus dem Schwedischen von Barbara M. Karlson

Gebunden ohne Schutzumschlag

96 Seiten, mit Abbildungen
€ (D) 18.60 | CHF 28.50 | € (A) 19.20
ISBN 978-3-905951-04-2

Ludwig Lewisohn | Der Fall Crump
(The Case of Mr. Crump)
Roman

Neu übersetzt aus dem amerikanischen Englisch von Christian Ruzicska
Mit einem Nachwort von Thomas Mann

Gebunden ohne Schutzumschlag

400 Seiten
€ (D) 24.95 | CHF 37.90 | € (A) 25.70
ISBN 978-3-905951-03-5

Marian Pankowski | Der letzte Engeltag
(Ostatni zlot aniołów)
Ein Silvenmanuskript

Aus dem Polnischen von Sven Sellmer

Gebunden ohne Schutzumschlag

88 Seiten
€ (D) 17.30 | CHF 26.50 | € (A) 17.90
ISBN 978-3-905951-05-9

Magda Szabó | Die Elemente
(Pilátus)
Roman

Neu übersetzt aus dem Ungarischen von Heinrich Eisterer

Gebunden ohne Schutzumschlag

296 Seiten
€ (D) 24.95 | CHF 37.90 | € (A) 25.70
ISBN 978-3-905951-01-1

Christian Uetz | Nur Du, und nur Ich
Roman in sieben Schritten

Gebunden ohne Schutzumschlag

104 Seiten
€ (D) 17.95 | CHF 27.50 | € (A) 18.50
ISBN 978-3-905951-06-6

secession

Steven Uhly | Adams Fuge
Roman

Gebunden ohne Schutzumschlag

232 Seiten
€ (D) 21.95 | CHF 31.50 | € (A) 22.60
ISBN 978-3-905951-08-0

Steven Uhly | Mein Leben in Aspik
Roman

Gebunden ohne Schutzumschlag

272 Seiten
€ (D) 22.95 | CHF 34.90 | € (A) 23.60
ISBN 978-3-905951-00-4

Leseproben finden Sie auf:
www.secession-verlag.com

Die in diesem Band versammelten und für die vorliegende Buchausgabe überarbeiteten Kolumnen schrieb Endo Anaconda für den *Tages-Anzeiger*, den *Bund*, *Faces* und den *Blick*. Vereinzelte Texte sind bei *Surprise* erschienen sowie im *VCS-Magazin*.

Erste Auflage
© 2011 by Secession Verlag für Literatur, Zürich
Alle Rechte vorbehalten
Korrektorat: Patrick Schär
www.secession-verlag.com

Gestaltung, Typographie, Satz und Litho:
KOCHAN & PARTNER, München
Titelfoto: Frank Zauritz, Berlin
Druck und buchbinderische Verarbeitung: Kösel GmbH, Altusried
Papier Innenteil: Fly 05, 100 g/qm
Papier Überzug: Surbalin seda diamantweiß, 115 g/qm
Papier Vor- und Nachsatz:
Caribic himbeer, 120 g/qm
Gesetzt aus 9/13 Cordale regular/italic

Printed in Germany
ISBN 978-3-905951-11-0